GUANGDONGSHENG ZHONGXIAOXUE JIAOSHI
ZHUANYE FAZHAN YANJIU YU SHIJIAN

广东省中小学教师专业发展研究与实践

李文郁　席春玲　朱美健　钟守权 等◎著

广东高等教育出版社
Guangdong Higher Education Press
·广州·

图书在版编目（CIP）数据

广东省中小学教师专业发展研究与实践．李文郁等著．—广州：广东高等教育出版社，2018.2

ISBN 978 – 7 – 5361 – 6128 – 3

Ⅰ．①广… Ⅱ．①李… Ⅲ．①中小学 – 师资培养 – 研究 – 广东 Ⅳ．①G635.12

中国版本图书馆 CIP 数据核字（2018）第 045684 号

出版发行　广东高等教育出版社
地址：广州市天河区林和西横路
邮政编码：510500　电话：（020）87553335
http://www.gdgjs.com.cn
印　　刷　佛山市浩文彩色印刷有限公司
开　　本　787 毫米 ×1 092 毫米　1/16
印　　张　7.25
字　　数　134 千
版　　次　2018 年 2 月第 1 版　2018 年 2 月第 1 次印刷
定　　价　20.00 元

前　言

提高教育质量是当下乃至今后相当长一段时期教育改革与发展的战略重点。《国家教育事业发展“十三五”规划纲要》强调“提高教育质量”，这是我们党站在全面建成小康社会的战略全局高度做出的重大部署。教育大计，教师为本，有好的教师，才有好的教育，教师的专业发展水平一定程度上决定着教育质量的高低，要提高教育质量首先必须提升教师队伍建设水平、提高教师专业发展水平。提升教师队伍建设水平是广东省深化教育领域综合改革的主要任务和工作重点，也是《广东省教育发展“十三五”规划（2016—2020年）》的发展任务之一。

根据教育部2012年和2015年开展的基础教育质量监测的结果数据，广东省的情况很不理想，广东省基础教育质量提升任重道远。教育部2012年对全国31个省（直辖市、自治区）及新疆生产建设兵团四年级和八年级学生的数学学习质量、科学（八年级含物理、生物、地理内容）学习质量、心理状况、学校相关因素进行了监测。广东省18个县（市、区）254所小学的7 278名四年级学生、120所初中的7 410名八年级学生参加了监测，此外，这些学生所在年级的数学教师、科学教师、班主任和该校校长也参加了监测。监测结果显示：广东省四、八年级学生的数学学业表现和科学学业表现均低于全国均值；接近一半的八年级学生存在严重的数学学习焦虑；四年级学生课业负担在全国处于中等偏重位置，八年级相对较轻；四、八年级学生的数学和科学成绩的城乡差异较大，尤其是四年级的差异更为突出；广东省大部分学生的心理健康状况较好，大多数四年级学生与班主任关系较好，大多数四、八年级学生与同伴关系良好、集体观念较强。2015年国家义务教育质量监测的主要内容为四、八年级学生的数学学习质量和体育与健康状况。广东省18个县（市、区）225所小学的6 350名四年级学生、144所初中的4 215名八年级学生参加了监测，此外，这些学生所在年级的数学教师、体育教师和该校校长也参加了监测。监测结果显示，广东省四、八年级学生的数学学业表现在全国的状况比2012年稍有提升，但提升幅度很小；广东省四、八年级学生的身体形态、机能、体能均处在全国均值左右。从上述监测结果可以看出，广东省中小学的德育工作、班主任工作做得是到位的，学生的身体状况处于全国的中等水平，而数学、科学的学业表现处于全国的中等偏下水平。

2012年和2015年义务教育质量监测的科目虽然不多，但在一定程度上反映了一个区域的整体教育教学质量水平。PISA①2015测试的是15岁学生的阅读、数学、科学素养，以及财经素养和协作问题解决能力，2015年北京、上海、江苏、广东4个省市代表中国参加了测试。测试结果表明，中国学生的表现总体上还算好，但广东省的学生在其中的表现很不理想。这进一步表明，广东省义务教育阶段整体的教育教学质量水平是让人担忧的。

广东省自2016年起参加全国普通高考统一考试。2016年的考试结果显示，在使用同样试卷的省份中，广东省除了英语成绩较为理想外，其他学科的成绩都很不理想。这个情况不能不引起我们对广东省普通高中教育教学质量的关注、反思和研究。

影响基础教育质量水平的因素很多，有投入方面的，管理方面的，教师队伍方面的，社会文化方面的，等等。我们认为，教师队伍的整体素质是一个关键的因素。因此，我们借助广东省委教育工委、广东省教育厅开展第九批机关业务工作研究的机会，通过申报审批立项了“提升全省中小学教师专业发展水平的途径和方法研究”项目，此项目由广东省教育研究院承担、李文郁主持。此项目中的中小学仅指普通中小学，不包括职业中学和技工学校。本书是此项目的部分成果。

要想找到提升全省中小学教师专业发展水平的途径和方法，首先要摸清全省中小学教师专业发展的状况，尤其是存在的问题等。为此，广东省教育研究院组织了全省调研，调研过程、结果和有关情况详见本书第一章“广东省中小学教师专业发展状况分析”。

学习借鉴兄弟省份和国外先进国家的先进经验与成功做法是进行这类研究的惯用方法，这次调研也不例外。为此，我们组织了省外考察学习组赴有关省市考察学习和收集有关资料，经学习领会和梳理形成本书第二章“外省市中小学教师专业发展经验借鉴”。我们收集和梳理了国际上这方面表现突出的一些国家的研究文献资料，发现了一些对广东省中小学教师专业发展很有帮助的做法与经验，具体参见本书第三章“国际中小学教师专业发展的启示”。

---

① PISA，Program for International Student Assessment，即“国际学生评估项目”。

广东省中小学约有90万名专任教师，他们的年龄、学历、学科、职称、专业水平、需求等都不同。如何让他们能主动学习、学有所需、学有所用、都有发展？带着这些问题，我们进行了深入思考和理论研究，提出了中小学教师“五阶五维”模型，以使教师们明晰自己、明确目标，把握途径和机会，提高学习的针对性和有效性，实现发展的愿望。具体内容参见本书第四章“中小学教师专业发展理论探究”。

在学习借鉴国内外中小学教师专业发展先进经验做法和对中小学教师专业发展进行理论探究的基础上，针对广东省中小学教师专业发展的状况和存在的问题，我们认为应建立健全相关体制机制，通过外引和内动两个方面引导广大教师积极行动起来，形成教师人人关注自身成长、不断提高自身能力和素养的好风气，从而整体提升全省中小学教师专业发展水平。为此，我们提出了一系列的对策建议，并进行了相关的实践探索，具体参见本书第五章“广东省中小学教师专业发展实践探索”。

本书第一章由李文郁、席春玲、朱美健、胡军苟撰写。第二章由李文郁、席春玲、钟守权撰写，参加省内调研和省外考察学习的有李文郁、钟守权、朱美健、冯善亮、吴有昌、鲍银霞、陈式华、魏恤民、施美彬、肖建忠、胡军苟、席春玲、姚轶洁、席梅红。第三章由席春玲、李文郁撰写。第四章由李文郁、席春玲撰写。第五章由李文郁、朱美健、冯善亮撰写，其中的“广东省中小学青年教师教学能力大赛方案”和“广东省基础教育教研员能力提升研修活动方案”经过广东省教育研究院教研室全体人员反复多次研讨、修改而成。在省内调研过程中，得到了省内有关高校和各地教研部门的接待与帮助；在省外考察学习过程中，得到了省外有关单位的指导和帮助，在此我们表示衷心感谢！

作　者

2017年9月

目　录

第一章　广东省中小学教师专业发展状况分析

为了全面了解广东省中小学教师专业发展状况，研究并解决存在的问题，为教师队伍建设提出建设性的意见和建议，项目研究组2016年8月至11月间在全省组织开展了文献研究、实地调研和网络问卷调查工作。文献研究主要查找与研究了21世纪尤其是2010年国家和省教育规划纲要颁布以来，教育部及广东省教育厅印发的有关教师专业发展方面的文件资料；实地调研分别到了东莞、惠州、肇庆、云浮、阳江、梅州、揭阳7个地市，分别召开了地市学科教研员座谈会和有代表性的中小学校长座谈会，先后走访了华南师范大学、广东第二师范学院、肇庆学院、嘉应学院和韩山师范学院5所高校的内设省级中小学教师发展中心，与教师发展中心主要负责人、部门主管进行了座谈，参加座谈会的人数共约200人；网络问卷调查通过全省教研系统印发通知，要求各地市选择有代表性的学校全体教师参加网络问卷填写工作，此次参与问卷调查的教师共计11 321名，基本情况将在后面做具体分析。

一、广东省中小学教师培训状况及分析

广东是教育大省，广东省2015/2016学年教育事业统计数据显示，全省中小学在校学生1 429. 60万人，其中小学生868. 88万人，初中生355. 32万人，普通高中生205. 40万人；全省中小学专任教师89. 53万人，其中小学专任教师46. 86万人，初中专任教师27. 58万人，普通高中专任教师15. 09万人。全省中小学专任教师学历、职称比重情况：小学教师大专毕业及以上的比重为95. 25%（高中毕业及以上比重为99. 98%），中级职称及以上比重为60. 56%；初中教师本科毕业及以上比重为79. 66%（大专毕业及以上比重为99. 96%），中级职称及以上比重为60. 96%；普通高中教师本科毕业及以上比重为98. 76%，中级职称及以上

比重为 62.85% 。①

教师是教育教学质量提升最关键的智力因素。为了贯彻落实《国家中长期教育改革和发展规划纲要（2010—2020 年）》《国务院关于加强教师队伍建设的意见》（国发〔2012〕41 号）和《国务院办公厅关于印发乡村教师支持计划（2015—2020 年）的通知》（国办发〔2015〕43 号），提高全省中小学教师队伍整体素质，广东省人民政府先后印发了《广东省人民政府关于全面实施“强师工程”建设高素质专业化教师队伍的意见》（粤府〔2012〕99 号）、《广东省人民政府办公厅关于印发广东省乡村教师支持计划实施办法（2015—2020 年）的通知》（粤府办〔2016〕3 号）。在此指引下，广东省通过科学规划和制度建设，统筹开展了“强师工程”，着力加强师德建设，多途径促进教师资源均衡配置，高质量培养骨干教师和骨干校长，全方位强化教师继续教育，切实提高教师工资福利待遇，实施乡村教师支持计划等多方面措施，使全省中小学教师队伍的整体素质得到有效提高。具体表现有：第一，教师规模稳步增加，学校生师比进一步优化；第二，教师队伍结构逐步优化，体育、音乐、美术以及科学、信息技术等学科教师紧缺状况有所改善，农村中小学合格教师得到有效补充，农村小学教师具有大专以上学历的比例逐步提高，城乡教师水平差距逐步缩小；第三，教师队伍整体素质进一步提升，专任教师学历达标率进一步提升，教师参加高水平培训的机会进一步增加，涌现出一批“全国教书育人楷模”等师德典型和一大批全国中小学学科教学竞赛一等奖获得者。

然而，全省仍然存在不少制约教师队伍发展的问题，有部分地区领导不够重视的问题，有影响教师队伍建设的体制机制尚未建立健全的问题，有教师培养培训的途径仍然不畅的问题，等等。这里仅就中小学教师培训状况，从中小学教师专业发展的角度，把调研中发现的问题描述分析如下。

（一）高质量的专业培训覆盖面尚需再扩大

自从提高教师素质和水平的专项工程——“强师工程”开展以来，广东省中小学教师专业发展机会增加了很多，加上国家层面开展的国家级培训和省级培训，使得优秀教师获得了更多的培训机会，也在一定程度上提高了教师队伍素质。但项目研究组在调研中发现，这些国家级、省级培训由于名额少且都采用选拔制度，因此每次能够参加这些项目培训的仅仅是个别教师，而且大多集中在中心城市、县城，或者是中心乡镇的个别优秀教师，大部分普通一线教师很少有机会参加这种高级别的培训与学习。近年来开展的广东省中小学新一轮“百千万人才培养工程（2011—2020 年）”关注了高水平的、年龄在 45 岁以下教师的培养

① 广东省教育厅发展规划处．广东省 2015/2016 学年教育事业统计简报［R］．2016，7.

培训，计划每期培养270名优秀教师①，以此计算，10年时间培养规模也不超过2 000人（据统计，到2016年全省遴选培养对象只有506人②），仅占我省90万名中小学专任教师的极少部分，绝大多数中小学教师的专业发展未受到足够的重视。而这些为个别教师“精心打造”的工程占用了大部分经费，成为各级教育主管部门师资培训工作汇报时的亮点。然而，更多广大一线教师的专业发展需要我们进一步的关注与加强。

中小学教师的专业化发展需要进行更为全面的设计，应关注到每一个教师的专业发展。目前近70%的教师是在县（市、区）一级参加在职培训（详见本章“广东省中小学教师专业发展问卷调查分析”），培训中心、资源、研究中心、研究队伍工作中心的下移都是需要加强和引导的。

调研发现广大教师缺少展示成果的舞台，年轻教师很少有与外面教师同堂比赛的机会，不知道自己的成长情况如何，久而久之也缺乏成长的动力。目前省级培训活动的对象以骨干教师为主，且由于名额的限制，绝大多数教师没有参与省级培训的机会，教师希望能多给他们提供成长的空间。

自上而下的培训设计导致教师专业发展积极性受挫。培训本来是专业发展的助推器，但事实上由于课程设置的针对性不强，使得培训在一线教师看来成了鸡肋。不少教师认为在职培训就是交钱后拿一本证书，特别是网络培训的效果差，负面影响大过正面作用。在校本培训方面，由于信息、资源等方面的原因，很多校本培训低水平重复、培训随机性大、培训内容针对性不强、内容太抽象等，都不利于教师专业发展。

（二）全省中小学教师专业发展急需引导与提升

首先，目前广东省很多年轻中小学教师的学科知识体系存在缺陷，教育底蕴不足。已实施十几年的现行课程内容与生活结合比较紧密，但学习内容不深且重要内容比以前少。广大年轻教师在中小学当学生的时候学习的这些课程内容，难以适应自己任教的学科课程。这一点从大学师范教育的专业培养中可见一斑，如师范类高校化学、历史专业的教师认为，现在中学的化学、历史学科内容比十几年前的要少，现行大学的教学计划虽然进行了相应的调整，但仍然没有达到理想的程度，导致现行的师范专业毕业生在学科知识储备方面存在不足。

---

① 该项目培养工作自2011年启动，名教师、名校长以3年为一个培养周期，“未来教育家”以4年为一个培养周期。名教师、名校长和未来教育家的每期培养规模分别为200名、50名和20名。

② 广东省教育厅．广东省基础教育创强工作总结［R］．2016年全省教育工作会议参阅材料，2016.

其次，教师的教育教学知识和教学基本功不扎实，未能满足教学需求。教师教学所需要的知识，不仅涉及本学科知识，还涉及交叉学科的知识以及教育教学理论。由于目前师范教育弱化，加上大学生在校期间都在专门的专业系部和学院学习，教育学和心理学都是作为公共课大班教学，学生对这些内容普遍不重视，对教育教学原理掌握得不扎实，教学技能技巧不过关。在调研过程中有校长反映，很多教师教学基本功不过关，有的教师甚至不知道如何设计一节课，对他们提出更多、更高要求是不可能的，更不用说适应当今快速变化的教育环境了。

最后，中小学校本教研氛围不浓厚，教师专业发展普遍缺乏专业引领。各学校普遍重视校本教研，但多数学校缺乏校本教研的领军人物或者缺乏专业引领人，导致校本教研在低层次上徘徊。如公开课的评价只是就课论课，缺乏从更高角度的引领，也没有理论性的探讨，难以引领教师的专业发展，对国家教育教学改革精神理解不到位不及时。而欠发达地区学校，不仅缺乏优秀教师的引领，更担心优秀教师流失，所以从内心是不愿意培养和提升优秀教师的。

（三）教师专业发展需有关制度建设来推动

第一，区域差异催生多元化需求。广东省内区域之间差异较大，各地区的教育发展水平相差悬殊，珠三角地区教师已经走出国门，开展国际交流了，粤东西北地区的教师的提升需求却还只是计算机操作方面的培训。许多年轻的优秀教师流动到了珠三角地区，粤东西北地区尤其是山区教师经过多年沉淀，留下来的大多数是年龄偏大、教育教学观念更新较慢等的教师群体，他们迫切需要的是对新课程改革理念、新时代教育教学理念的学习与提高等。因此，中小学教师专业发展设计需要更加多元化的考虑。

第二，粤东西北地区由于经济、社会发展和区域等原因，使得青年教师难以留下来，即使是一些优秀的年轻教师，在获得了一定的职称级别之后，也是人人向往城市生活，这也导致省内中小学教师资源配置方面不均衡等的问题。如何培养和留住粤东西北山区的优秀教师是省级教师制度建设中需要关注的重要问题。

第三，各级各类的培训交叉多，用时长，培训与工作常有冲突。名师后备对象有反复培训吃不消的感觉，而大多数教师却没有机会参与培训。参加各级培训的人员大多由上级指定，学校无权推荐。上级培训资金的投向重物不重人，资源向城区过分集中。非城区或偏远地区的教师的教学能力相对较低，更需要得到培训，但他们却难以获得优质培训的机会。而且，目前中小学教师的在职培训大多以外部设计为主，对教师自身主体性的调动不够，导致中小学教师接受专业培训比较被动。

第四，目前广东省教师编制数量比国家要求的要低，加上“二孩政策”的出台，学校教师人员偏紧，教师的教学任务重，教师教学研究时间少等都不利于教师专业发展。在新形势下，增加教师编制或者灵活地进行人事制度改革都是需要考虑的方面。

第五，教师懈怠情况较为严重。许多教师工作多年后，教学经验丰富，评上了高级教师，但对教育教学改革有一定的畏难心理和抵触情绪。如何激发这部分教师的积极性是值得重视的，这些高级教师在专业发展方面的带动作用很关键。

第六，需要关注的是，各地政府部门对学校的评价多以升学为主体，教师难以处理升学和教师专业发展的关系。很多教师专业发展变成了考试方面的培训，教育主管部门的导向性作用值得关注。

（四）省级八大教师发展中心工作尚需加强

通过实地调研发现，广东省内高等师范类院校新成立的省级八大教师发展中心①有积极的一面，引导高校教师关注中小学教师的专业发展，打通教师职前与在职培养通道，为一体化教师培训奠定基础，这些都是很好的制度设计。但是目前在实际操作中，八大教师发展中心尚存在一些共同的问题：

首先是培训资源的缺乏。具体表现为：第一，培训人力资源缺乏。普通教育阶段面广、人多、事杂，各层面的需求不一，学校管理、教学、班主任工作、德育工作、不同发展阶段的教师、城乡区域的差异等各不相同，八大教师发展中心在培训的时候均感到专家队伍不足，导致课程的开设不尽如人意。另外，虽然目前教育教学理论专家不少，但能将理论与实际很好地结合在一起进行培训的实战型专家却并不多，以致培训内容缺乏针对性，大多重视理论知识的传授而轻视实践操作层面现实问题的分析指导，教育理论如何指导教育实际的问题突出。第二，培训课程资源缺乏。大多数教师发展中心都是短期内建立起来的，缺乏资源和经验积累，又远离中小学教育教学实践。在调研的过程中，很多中心反映希望能够建立一个省级培训资源中心，使得各中心资源（含培训专家队伍）能够实现共享。目前对偏远和乡村地区教师专业发展的研究比较匮乏，希望此类课程资源的建设能为各大教师发展中心提供共同的学习培训资源。

其次是中小学教师发展中心在高校中未得到应有的重视。在各大师范类院校中，中小学教师发展中心在高校的众多部门中都是一个较为边缘的机构，人手紧缺，基本上只有几个人负责日常工作，专业研究几乎无法开展。在调研过程中发现，现有工作人员一方面希望能更多地承担培训任务，另一方面却又感觉目前任务很重，心里比较矛盾。大部分师范类高校不是将中小学教师发展中心作为一个专业机构来设置，而是将其当作一个培训机构来设置，很多专业水平高的教师不愿意去。不少学校安排了一些非专业人员作为教师发展中心的管理者，课程设计

① 具体指华南师范大学、广东第二师范学院、岭南师范学院、韩山师范学院、韶关学院、嘉应学院、肇庆学院、广东省外语艺术职业技术学院等八所高校成立的中小学教师发展中心。

和培训理念基本上是由这些工作人员制定和设计的。尽管他们也聘请了教育专业的教授参与课程设计，但管理和执行过程中仍会出现很多走偏现象。

最后是培训经费的使用规范和管理制度不够明确，在一定程度上影响了教师培训工作的顺利开展。省级培训经费的下拨管理要更有利于中小学教师发展培训，部分教师发展中心建议经费直接划拨到中心，同时建立对中心培训的考核办法。各中心希望省级主管部门能尽快出台培训经费使用办法，使得中小学教师发展中心的培训和经费管理工作有章可循，有利于培训中心积极地开展工作。

（五）中小学教师专业发展相关研究较为匮乏

首先，专门关注中小学教师专业发展的专家队伍尚未建立。从省内调研考察中发现，尽管八大教师发展中心都附设在师范类高校，但是由于各高校教师的本科生教学任务繁重，大学教师对中小学教师教育教学实际情况了解较为有限，加之大学考核机制以发表论文和做课题研究为主导方向，未将培训工作量纳入教师评优的考核范围。因此，大学教师对培训工作深入研究的积极性和时间精力投入都比较有限，系统性、专门性的研究比较少，现有的研究队伍尚未形成，同时新生力量的进入热情也受到抑制。

其次，目前师范类高校的教师培训机构专业人员比较缺乏，对中小学教师的课程设计、教师资源库建设等的设计难以满足广大中小学教师专业发展的需要。很多高校主导的中小学教师培训以大学教授主讲、教师学员静听为主要形式，虽然有一些形式的改革与创新，但基本的培训模式变化不大。教师培训的课程以理论性的知识为主体，理念性的内容居多。专家们缺乏中小学一线教学实践经验，讲授的课程内容不能与中小学的教育教学实践相联系，培训形式多是集中讲座，缺乏双向交流和沟通，与丰富的教学实践之间存在着巨大的鸿沟。中小学教师觉得参与培训后所学的东西也不能有效地在教学中应用，学习动力不足。以理论学习为例，教师缺乏的是如何将理论与教学实践结合在一起，而培训中只是就理论讲理论，甚至讲大量境外产生的教育理论，对本土的教育教学理论关注不够，不关心如何与中小学教师的教学相结合，看似这也对那也行，但教师学习后对如何将自己的经验上升为理论却不知从何入手，也就是教师通常说的“不接地气”。这种主要以师范类院校为主体的培训模式未能很好地回应中小学教师实际教学和专业化发展中面临的大量的现实问题和教育教学中新出现的问题。

再次，中小学教师教育教学水平的科学内涵亟待全面界定。长期以来，关于教师教育教学水平的研究对象界定不清晰，内涵模糊，表述抽象，甚至矮化为学生学业成绩。这种状况极不利于教师形成正确的教育观、教学观和发展观，不利于教育目标任务的完整落实和素质教育的全面实施。为此，广东省教研院提出“提升全省中小学教师专业发展水平的途径和方法研究”项目，旨在重点解决中小学教师教育教学水平的科学内涵的界定及其评价、检测指标体系的建立问题，客观、完整地把握广东省中小学教师教育教学水平状况，有针对性地研究解决广东省中小学教师教育教学水平现状问题及其提升的路径和方法，推进全省中小学教育的内涵发展和优质发展。

最后，一些现实的教师专业发展问题急需研究，如教师专业发展的标准是什么？应达到什么标准？路径是什么？各类教师，如名教师、学科带头人、骨干教师和评上高级职称的教师，未来专业发展该往哪里走？诸如此类的现实问题都是需要加强深度研究的问题。

在调研中，关于中小学教师专业发展的问题还涉及高级职称教师比例、网络培训的质量、学校培训经费的管理、培训对象分类等问题，这些都是中小学教师专业培训中十分重要的方面。

二、广东省中小学教师专业发展问卷调查分析

网络调查问卷（见本章附件）主要从教师对教育教学工作满意度、在职学习培训方式及内容和专业发展需求与建议三个方面了解教师的状况、需求及意见。有效参与此次问卷调查的教师共计 11 321 名，有关情况及分析如下。

（一）填写问卷的中小学教师代表性分析

为了确保问卷的有效性，调查问卷面向全省中小学教师开放，由各地市教研部门组织教师网上填写。问卷具有一定的代表性，问卷中所反映的很多数据与调研组在实地调研中发现的问题基本是一致的。参加此次网络问卷调查的有效人数为 11 321 人，涵盖珠江三角洲和粤东西北地区。除了粤东地区教师比例超过三分之一外，粤西和粤北地区的教师也接近 20%，具有一定的代表性，珠三角地区的教师占约三分之一（如图 1－1 所示），粤东西北地区在经济和文化发展水平

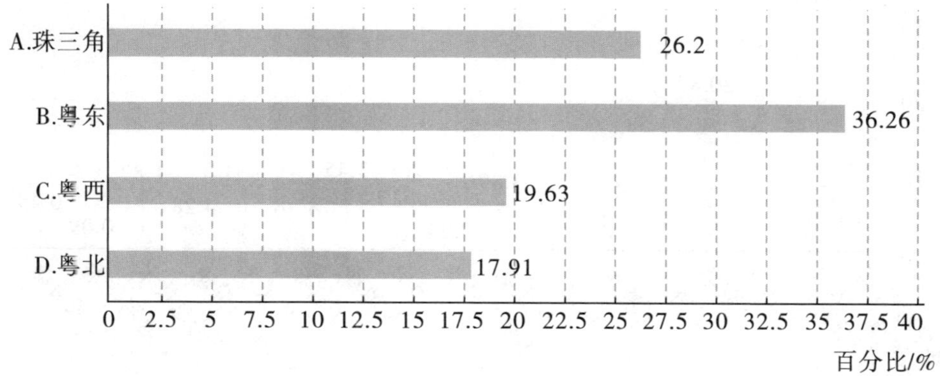

图 1－1　参与问卷调查教师的任教地区分布情况

方面有一定的相似性，这三个地区的总数占到了三分之二，整个调研也能较好地反映全省中小学教师专业发展水平。

广东省内的中心城市和县城、乡镇、乡村的中小学之间有着比较大的差距（如图1-2所示），这里对教师从四个不同发展层次的区域划分，有助于更真实地搜集中小学教师专业发展方面的相关信息，防止出现由珠三角中心城市简单概括整体情况，忽视乡镇和乡村两级教师发展情况的情况。在人口大省的背景下，广东大多数人口是分布在县城、乡镇和乡村的，这是研究广东教育省情不可忽视的方面。

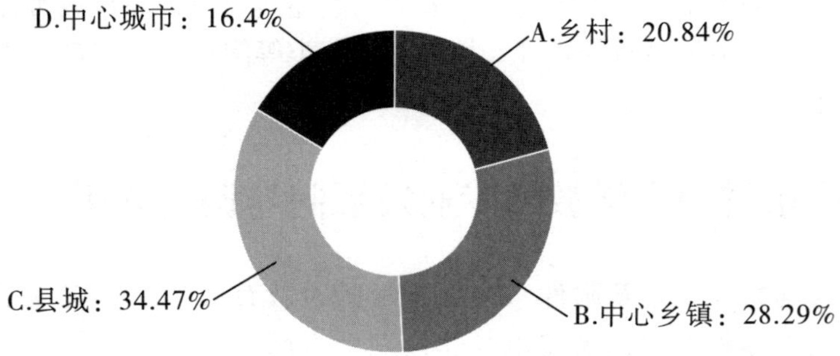

图1-2　中小学教师任教学校所在地分布情况

就教师从教学段而言，任教于小学的教师占34.08%，任教于初中的占37.42%，任教于普通高中的占28.5%。参加此次问卷调查的小学、初中、高中教师人数分别约占三分之一，基本能反映出各学段教师的专业发展现状。

中小学教师任教学科分布从多到少的排列顺序依次为：语文、数学、外语、道德与法治（思想政治）、物理、体育与健康、化学、历史、生物、地理、音乐、美术、信息技术、学校管理、综合实践活动、（小学）科学、通用技术（如图1-3所示）。

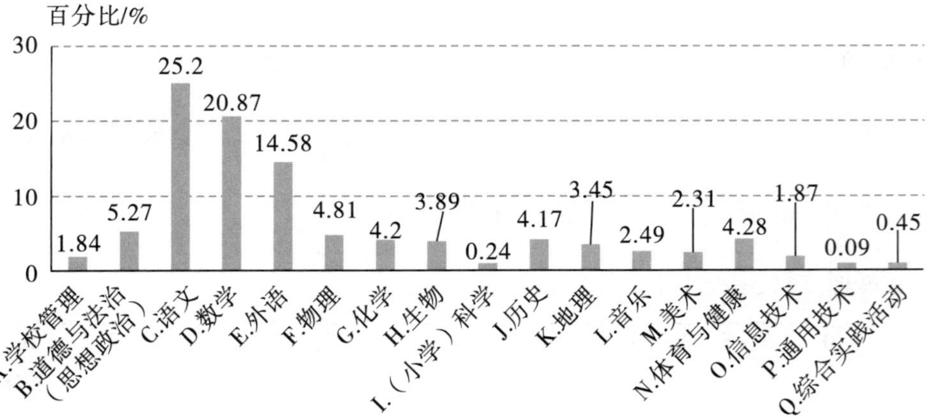

图1-3　中小学教师任教学科分布情况

从数据上看，语文、数学和英语教师占到教师总数的 60% 以上，这一点也和学校实际中的教师配备情况基本一致。音乐、美术等艺术类学科教师总数偏低，因为根据国家课程标准的设计，艺术类学科是从小学一直到高中阶段连续 12 年开设的，而生物、物理、化学、地理、历史等学科则开设 4 ~5 年，但这些考试学科的教师比例都高于非考试学科的艺术类学科教师，两者比例达到多少才是科学而合理的，都是值得重视和思考的教育现象。

（二）广东省中小学教师基本情况分析

正如大多数省市的中小学教师性别比例构成一样，广东省的中小学教师中，大约三分之二是女性教师。调查数据显示，男性教师为 35.11%，女性教师为 64.89%，可见女性教师是中小学教师中的主力军。但值得思考的是，目前中小学校长中女性校长比例比较低，远远没有达到三分之二的应有比例。

中小学教师年龄分布情况，30 岁以下为 17.28%，31 ~40 岁的为 42.76%，41 ~50 岁的为 32.15%，51 ~60 岁的占 7.81%（如图 1 –4 所示）。教师的年龄结构比较合理，31 ~50 岁的教师约占四分之三；40 岁以下的占到约 60%，这一个阶段刚好处于育龄期，需要考虑到生育对工作时间的占用情况。随着国家计划生育政策的调整，鼓励生育二孩，女教师的生育时间应该在教师编制设计过程中考虑进来，有计划地增加中小学教师编制、适应政策变化是未来教师队伍建设必须考虑的方面。另外，增加中小学教师工作待遇，提高中小学教师的职业吸引力，吸引更多的男性从事基础教育，留住青年男性教师长期从教也是应该考虑的。

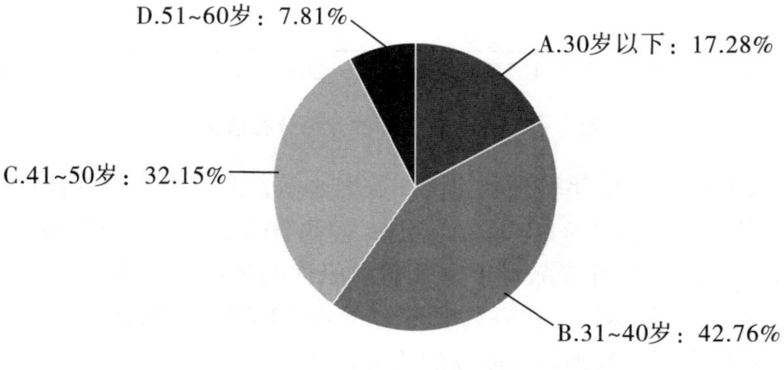

图 1 –4　中小学教师的年龄分布情况

从学历情况看，中小学教师以本科学历为主，本科以上学历的占到四分之三，还有大约四分之一的教师学历处于本科以下（如图 1 –5 所示）。研究生学历教师所占比例偏低，这也与中小学教师收入待遇偏低有一定的关系。要吸引更多的高学历教师加入到中小学教师队伍中来，提高待遇和职业吸引力是中小学教师队伍建设的重要因素之一。

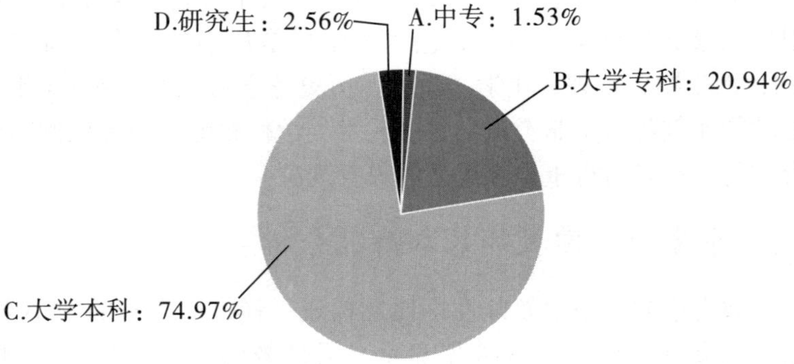

图1－5 中小学教师的学历分布情况

从任教时间看，中小学教师任教时间在10年以内、11～20年和21年以上的差不多各为三分之一，教龄分布比较均匀（如图1－6所示）。

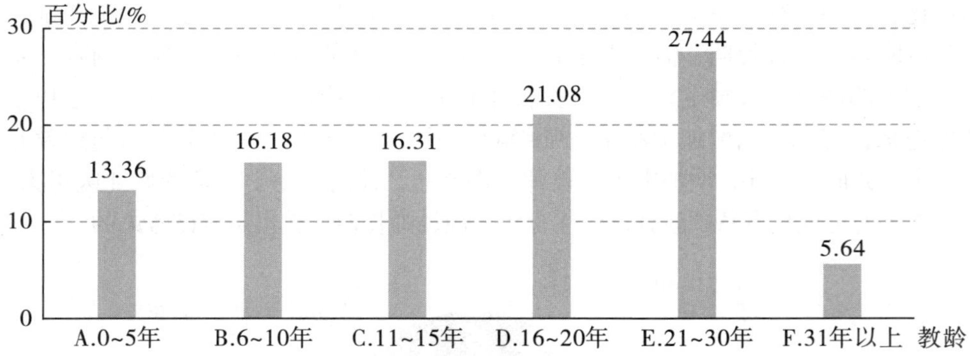

图1－6 中小学教师的教龄分布情况

广东省2015/2016学年教育事业统计数据显示，全省中小学专任教师职称为中级职称及以上的，小学为60.56%，初中为60.96%，高中为62.85%。此次调查问卷数据，从职称分布情况看，拥有初级职称的教师人数占总数的23.02%，拥有中级职称的占56.8%，拥有高级职称的占20.08%，拥有正高级职称的占0.11%。中级以上职称教师填写问卷的比例较高。

中小学教师的职称以中级为主，中级及以下职称占到了78%，高级以上职称为21%，这就显示有五分之四的教师在职称提升方面有需求，需要有关管理部门针对教师专业发展需求，制订有针对性的、面向广大一线教师的专业提升计划。目前，在职称高低与教师的工资待遇挂钩的背景下，这种职称分布情况也表明广大教师的工资待遇都偏低。

（三）广东省中小学教师对工作的自我满意度

工作满意度是教师专业发展的一个潜在影响变量，值得关注。从调查数据可以看出，广大中小学教师对自己的工作基本上处于比较满意状态。教师本人所学专业与目前任教学科的相关性情况如图 1-7 所示：完全匹配的占 72.76%，基本相关的占 21.67%，基本不相关的占 3.86%，完全无关的占 1.19%。有九成以上教师所学专业与目前任教学科直接相关，这为教师进一步的专业发展提供了保障。

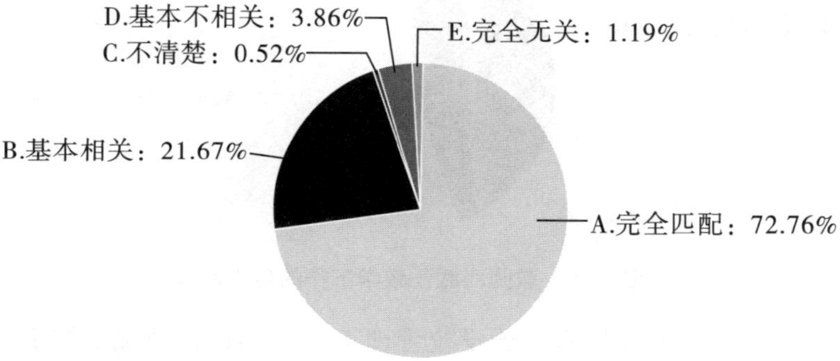

图 1-7　中小学教师所学专业与目前任教学科的相关性情况

工作量是工作负担的一个重要指标。根据调查，教师承担的学校分配的工作量情况严重超量的占 8.37%，有点超量的占 36.05%，基本适量的占 54.62%，比较轻松的占 0.82%，非常轻松的占 0.14%（如图 1-8 所示）。可见教师的工作量基本适合。

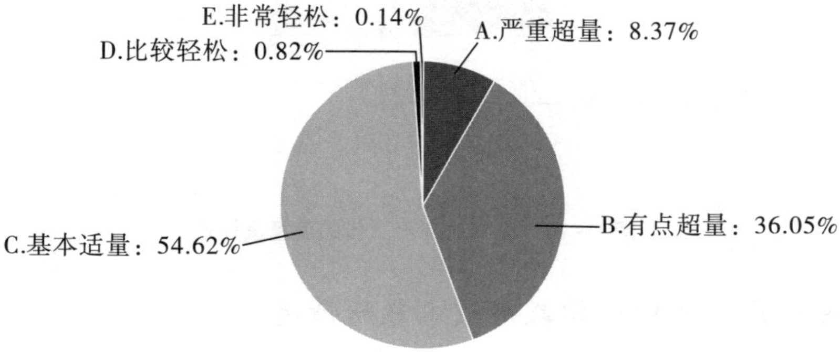

图 1-8　教师自我感觉学校分配的工作量情况

教育教学工作（或学校管理工作）在教师承担的所有学校工作中的比重情况，认为高达 90% 工作量的教师人数占总人数的 47.87%，认为占 75% 工作量的人数为总数的34.16%，认为占50%工作量的占总人数的14.45%，认为占30%工作量的人数占总人数的3.52%。可见80%以上的教师认为其在学校的工作主要是教育教学工作（或学校管理工作）。

教师觉得自己的教学工作（或学校管理工作）胜任度情况如图1－9所示，可见绝大多数教师是胜任工作的。

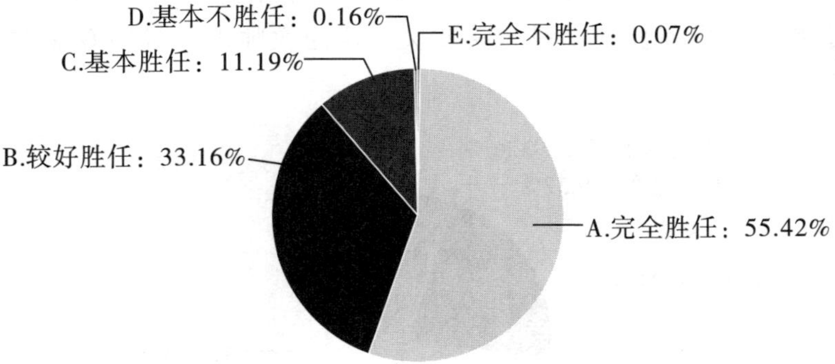

图1－9 教师对胜任教学工作的自我评价

教师对自己目前教学工作（或学校管理工作）的评价情况如图1－10所示，对自己工作基本满意以上人数高达98%。安居乐业是教师的一种基本状态，他们对专业发展也会有比较积极的心理倾向。

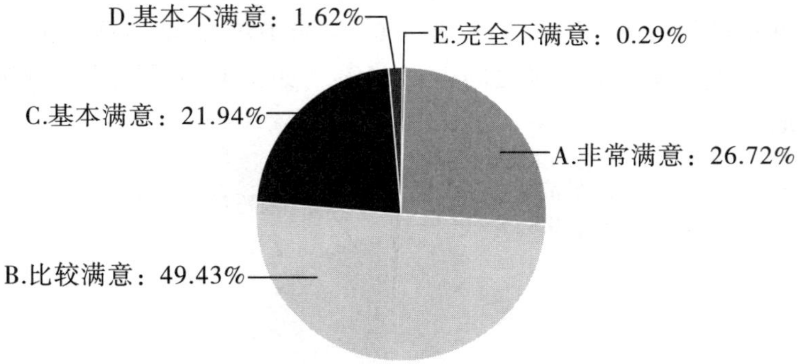

图1－10 教师对自己工作的满意度评价

（四）广东省中小学教师校本教研情况

校本教研是中小学教师专业发展的主要平台，校本教研开展的形式、频次、效果等都是影响教师专业发展的重要因素。从统计数据可以看出，大部分学校都开展了校本层面的教研活动。

目前，广东省中小学层面的教研活动形式主要是集体备课和教学公开课，有近九成的教师主要依靠这两种形式进行校本教研，开展专题研讨和小课题研究的不到五成，有三分之一的学校开展了结对传帮带活动，举办了专家讲座（如图1－11所示）。学校层面的教研活动形式比较单一，经验交流居多，这既反映了广大教师日常工作的主要方面是备课、上课等围绕着具体学科开展的教研活动，同时也反映了学校层面的教研活动需要更多的引导和提升。

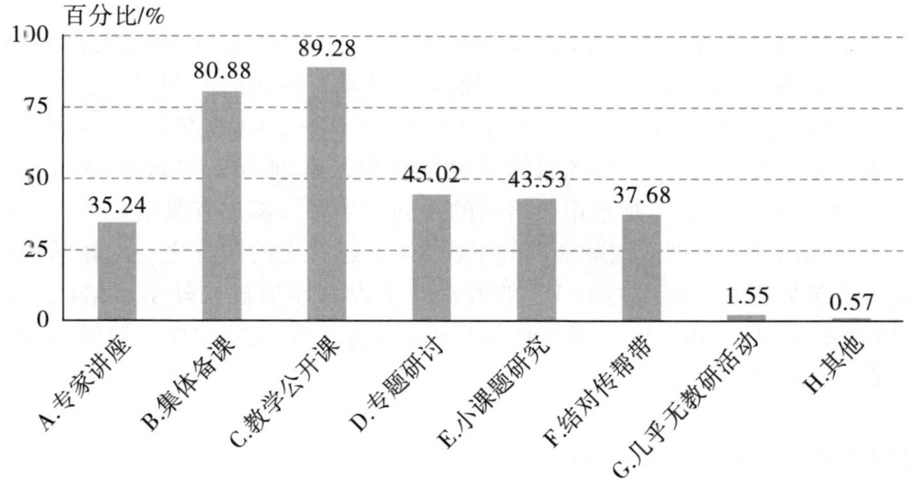

图1－11 校本教研活动的主要形式

如果以集体备课和教学公开课为主要的校本教研形式的话，有82%的教师反映在学校每个月有2～3次或以上校本教研活动（如图1－12所示），这说明大部分学校的校内教研活动进行比较正常。从实际调研和经常到访学校的经验得知，大部分学校几乎每周都有专门的教研组专业学习时间，集体备课、集体备考是中小学教师专业活动的主要内容，如何引导学科教研组更灵活多样地开展教学研究活动也是值得研究的问题。

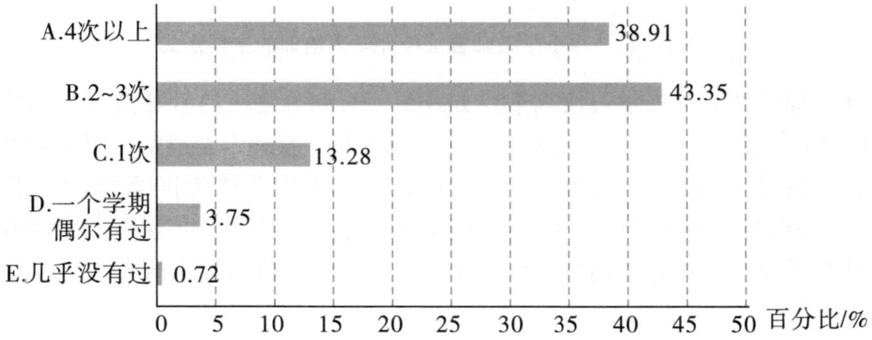

图1－12 校本教研活动每月开展次数

在这些校本教研活动过程中，认为积极影响较多的教师占77.83%，认为没有产生多大影响的教师占12.81%，认为积极影响与消极影响几乎一样大的教师占7.25%，认为消极影响较多的教师占2.11%。这说明校本教研活动开展的内容、层次和形式需要做更深入的研究，发掘其背后的真正原因。

（五）广东省中小学教师校外学习培训情况

中小学教师参加校外学习培训的主要方式中，网络示范课观摩的占75.15%，网络视频自主学习的占70.73%，专题教学（活动）研讨的占44.1%，专家讲座或学术会议的占48.72%，项目活动学习的占16.07%，其他方式的占0.76%。

关于每年参加校外学习培训的情况调查中，有近70%的教师参加的是县（市、区）一级培训，参加地市级培训的占到一半多，参加省级培训的约为四分之一，参加国家级培训或国际会议的不到5%，还有大约四分之一的教师很少有机会外出参加培训，甚至有6.1%的教师几乎没有参加过校外学习培训（如图1－13所示）。县（市、区）级培训是教师在职培训的主要层面，教师培训工作的中心下移刻不容缓。

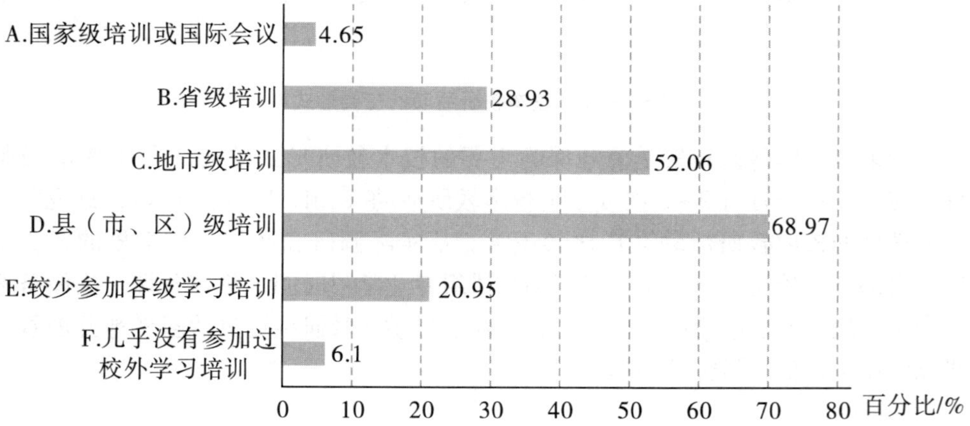

图1－13　中小学教师参加校外学习培训的主要形式

在教师参加的校外学习培训重要方式中，有四分之三的教师选择了网络学习（如1－14所示）。但是根据调研组实际座谈情况，教师们普遍对网络学习感到不满意，觉得花了钱和时间却没有多少收获，有些甚至认为网络学习“劳民伤财”。网络作为一种方便的培训形式是值得利用的，但是培训效果未能让教师满意，甚至引起广大教师对网络培训的反感，这是一个值得深入研究的问题。

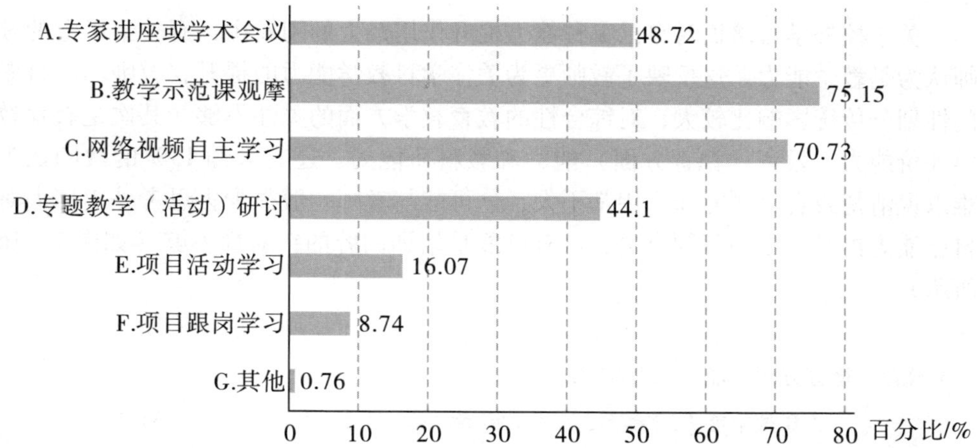

图 1-14　中小学教师参加校外学习培训的重要方式

在常见的在职学习培训内容方面，有超过五成教师选择了学科教材和教学研讨、教学设计理论与实践、课程改革相关理论与标准解读、教育教学基本理论。有大约三成教师选择了教育心理学、教育教学评价理论与实践、教育研究方法与实践、信息技术与学科融合等方面内容，有两成教师选择了国家和省教育政策解读和学校管理与现代学校建设方面（如图 1-15 所示）。看来教师关注的主要还是学科课程和学科教学等与自己的日常工作直接相关的方面，对于更宏观的、更外层的教育问题的关注要少一些。

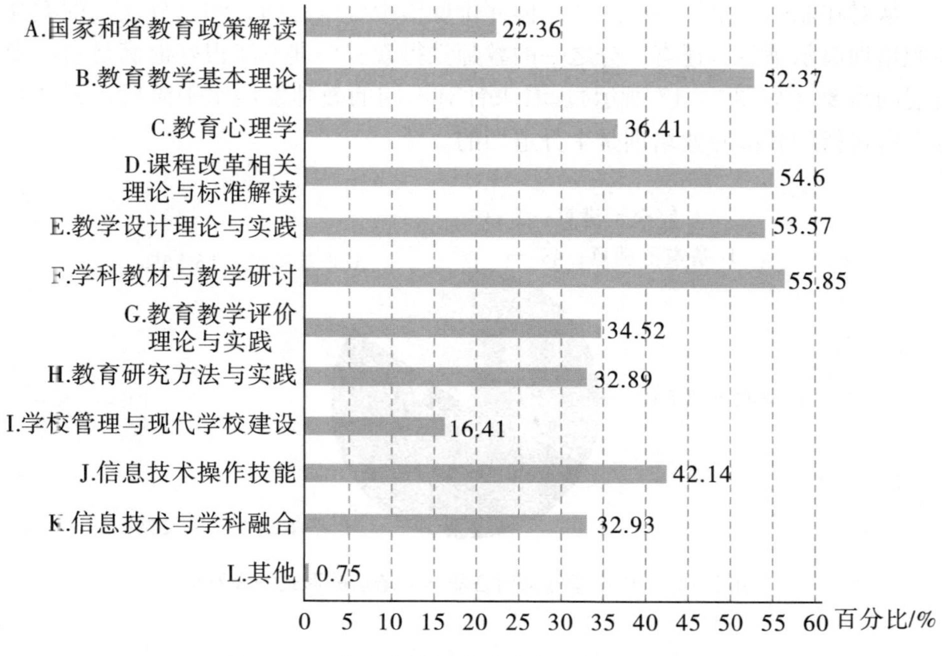

图 1-15　中小学教师常见的在职学习培训内容

关于校外学习培训对自己哪种能力提升作用最大的问题中，有一半以上的教师认为是教学能力，这反映了教师更为关注学科教学能力的提升，教师的学科专门性划分传统影响比较大，对综合性的教育教学方面的关注不够。其次是教育教学评价能力、教育（德育方面）能力和教科研能力。还有大约15%的教师认为难以说清楚或者是哪方面作用都不大，这可能与教师一般很少去思考外出培训对自己能力提升方面的问题有关，还有可能是培训内容的针对性不够（如图1－16所示）。

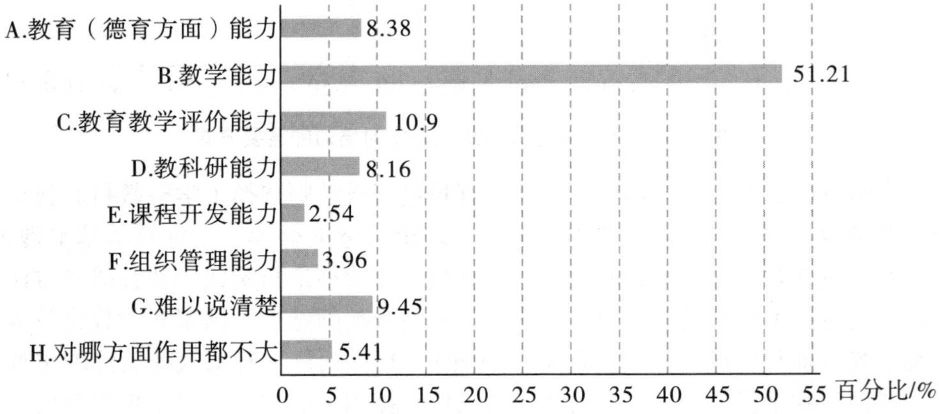

图1－16　校外学习培训对哪种能力提升最有效

从对在职学习培训的形式的总体评价反馈中可以看到，约三分之二的教师对在职培训表示满意，还有三分之一的教师觉得现有培训不能很好地满足自身专业发展的需要（如图1－17所示）。看来针对不同的教师发展水平阶段，开展有梯度、有选择的教师专业培训是十分迫切的。

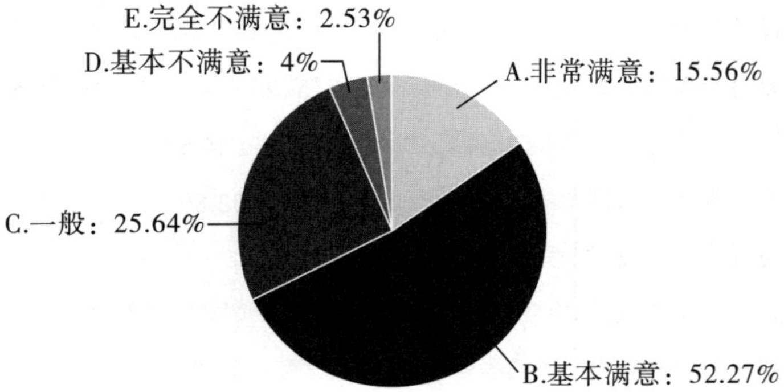

图1－17　中小学教师对在职学习培训的形式的满意度

在现有的学习研训方式中，中小学教师觉得效果最佳的是教学示范课观摩，有近六成教师选择这一方式，这是一个很有意思的现象，与管理者和专家们的设想大相径庭。专家讲座或学术会议虽然可能办会成本高，却不是让教师收获最大的，教师们最感兴趣的是听优秀同行的示范课，这对我们的教师在职培训提出了新方向。尽管专题教学研讨的选择人数仅次于教学示范课观摩，但是只有一成教师认同。专家讲座或学术会议的选择人数位居第四，效果不仅次于专题教学研讨，也次于网络视频自主学习和项目跟岗学习（如图1－18所示）。

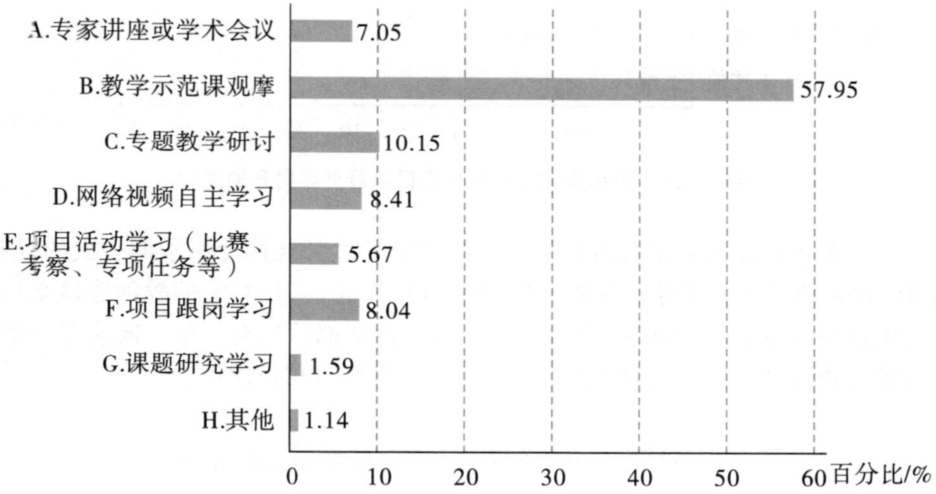

图1－18　中小学教师觉得效果最佳的学习研训方式

教师是在教育教学一线工作的实操者，他们可能对同行的操作型示范教学而不是大学教授的讲座更感兴趣。这是一个我们一直忽视了的真理：我们不可能向与我们水平相差悬殊的人学习，但是我们可以很好地向同行学习。

从中小学教师认为自己目前最需要提升的能力列表中，可以看出教师们首先关注的仍然是课堂教学能力，有近五成的教师选择了这一选项。其次是教科研能力和信息技术应用能力，德育工作能力也是广大基层教师每天都会面临的问题，选择比例也比较高（如图1－19所示）。在这所有的能力中，教科研能力和研究论文报告写作能力两者结合起来看，教师的教学研究能力的提升愿望也是十分迫切的。

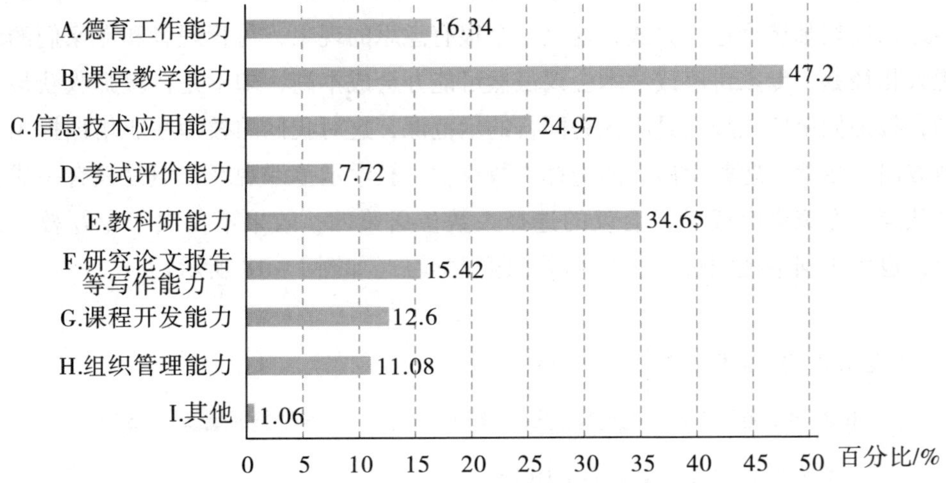

图 1－19　中小学教师认为自己目前最需要提升的能力

关于在职学习研修的频次，有 42.2% 的教师能接受每学期一次的提升，有 21.58% 的教师能接受每学年一次外出研修，也有 21.37% 的教师能接受每月一次的研修（如图 1－20 所示）。看来大部分教师都希望有一年一次或者一学期一次的研修活动，这对激发他们在职教学工作热情有积极作用。

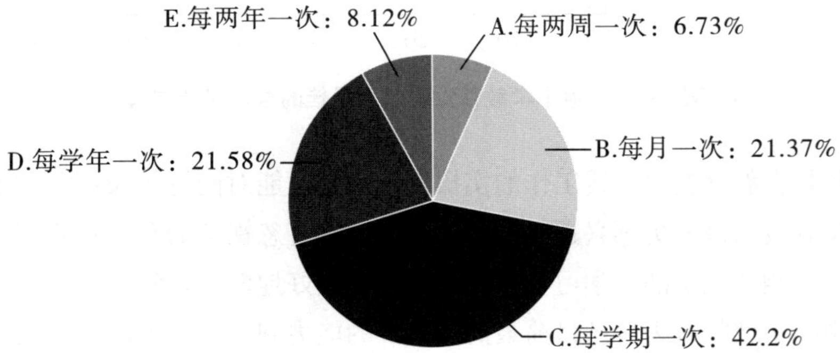

图 1－20　中小学教师能接受在职学习研修的频次

对于一次集中学习研修的时间，有约七成的教师希望是一周以内，对于两周时间的研修，只有一成多教师选择，教师们比较少选择一个月及以上的研修（如图 1－21 所示）。关于最佳外出研修学习时间是一个很好的反馈。

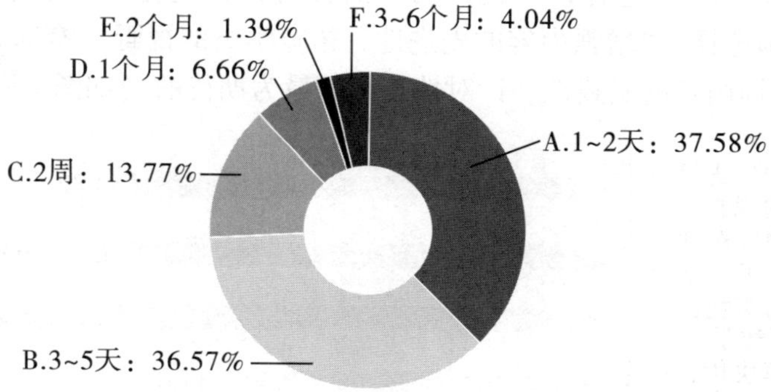

图 1－21　中小学教师认同的最佳学习研修时间

在中小学教师最想参加的在职学习研修的方式中，学术会议和专家讲座等自上而下的培训仍然占到了近五成，但是从培训收效方面来看，专家讲座的认同度也只有 34% 的教师认为比较有收获（如图 1－22 所示）。看来专家讲座是否接地气，如何更好地与教师的教学发展最近区衔接也是值得研究的问题。其他方式比较少，培训活动形势比较单一，学术沙龙、教师读书会、教师论坛交流等紧密型、多频次的高效聚焦培训比较少。

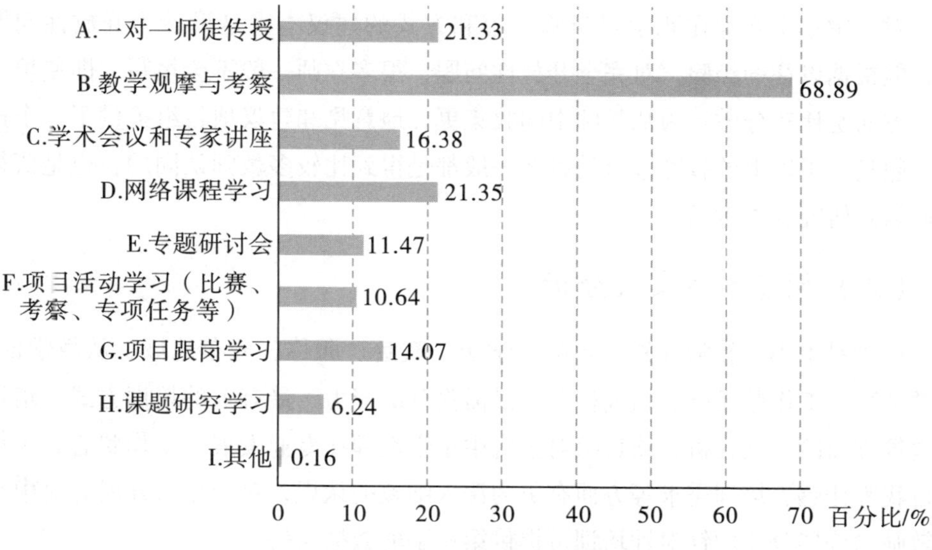

图 1－22　中小学教师最想参加的在职学习研修的方式

对在职学习研修内容和方式的建议中，“加强内容的实践性，多进行案例教学”有66.24%的教师选择，“提高内容的针对性，适应不同水平的学员”有63.99%的教师选择，“增强内容的先进性，拓宽学员的视野”有53.82%的教师选择，可见培训内容的实践性、针对性是教师最为期待的（如图1－23所示）。

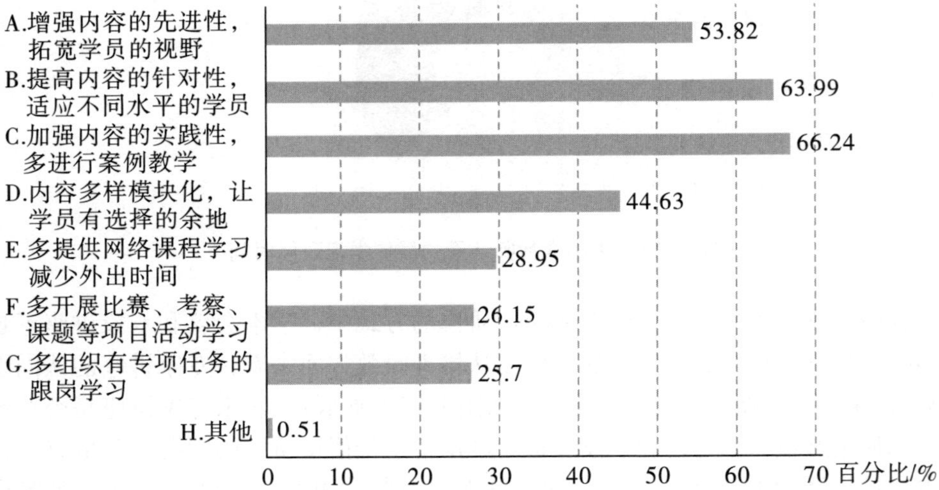

图1－23　教师对在职学习研修内容和方式的建议

对于中小学教师在职学习研修内容和方式的建议本来是设计为开放性问题的，但根据以往的经验，对完全开放性问题，很多教师一般不会填写，即使填写了，方向也比较分散。为从教师中间收集更好地意见和建议项目组提供了几个选项。超过一半以上的教师选择的答案一般都是得到比较多教师认同的，也是值得我们认真研究和思考的。

（六）问卷数据交叉分析

通过对中小学教师性别、年龄、学历、教龄、职称、分布地域、从教学段、任教学科、工作胜任感、培训机会、最需提升的能力、最有效的培训方式、培训频次等方面的交叉分析，项目组对全省中小学教师在专业发展、工作状态、工作的自我胜任感、培训需求等方面有更为深入细致的认识，对于今后开展针对中小学教师的分层分段的针对性培训可提供第一手的数据支持。

参与此次网络问卷调查的11 321名教师中，通过手机提交数据的占47.25%，将近半数，可见移动通讯已成为教师们信息获取和发布的重要渠道。通过对收集到的数据的进一步交叉深度分析，有如下发现。

第一，校本教研是中小学教师专业发展的主要平台，校本教研开展的形式、频次、效果等都是影响教师专业发展的重要因素。珠三角地区和粤西地区教师每月参加 4 次以上教研活动的都在 45% 左右，而粤北和粤东地区只有 35% 左右（如图 1－24 所示）。

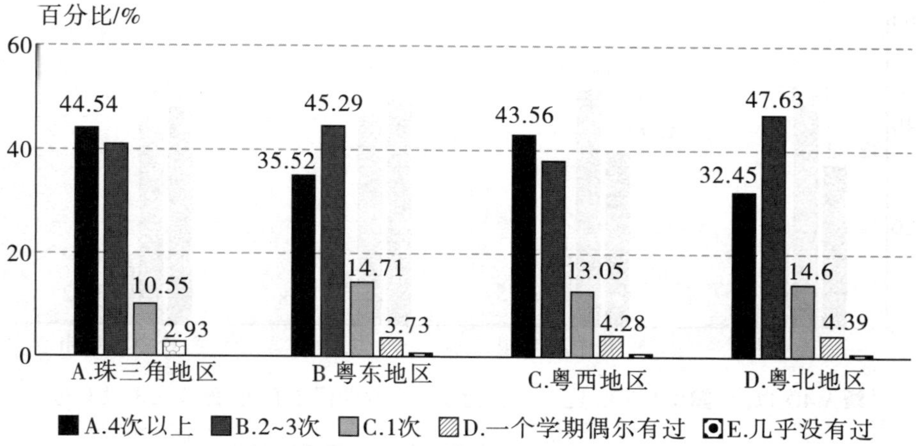

图 1－24 校本教研次数与学校所处地区之间关系

第二，学校区域分布与教师工作胜任感有一定关系，中心城市的中小学教师胜任感最高。由于城市化发展，从农村走出来的农民更多地聚集在中心乡镇，乡镇中小学班额大，教师的工作压力大，工作的胜任感随之降低（如图 1－25 所示）。在教师任教阶段做对比分析，发现小学、初中和高中教师在工作胜任感方面差异不大，工作地域对教师的影响更大。

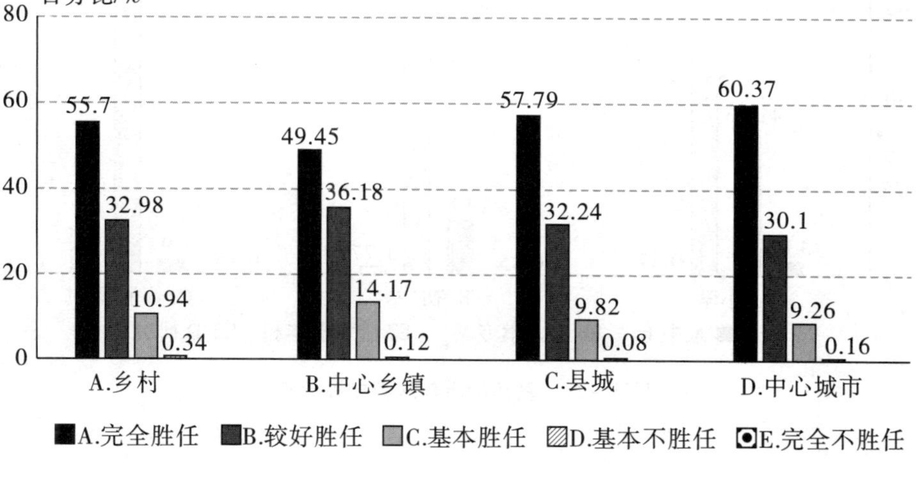

图 1－25 学校区域分布与教师工作胜任感之间关系

第三，学校区域分布与校本教研活动频次有一定关系，每月 4 次及以上的校本教研活动在县城和中心城市更多，而乡村和中心乡镇都较少，相差近 10 个百分点；每月 2～3 次的校本教研活动在乡村和中心乡镇要多一些（如图 1－26 所示）。

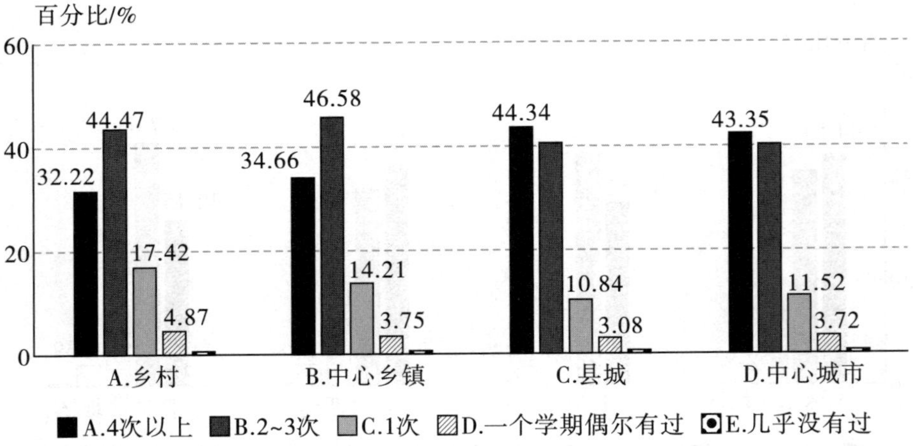

图 1－26　学校区域分布与校本教研活动次数

第四，教师学历与从教学段之间有一定关系。高中教师约九成为本科学历，初中教师约八成是本科学历，小学教师约五成是本科学历（如图 1－27 所示）。大专学历教师更多分布在小学阶段。

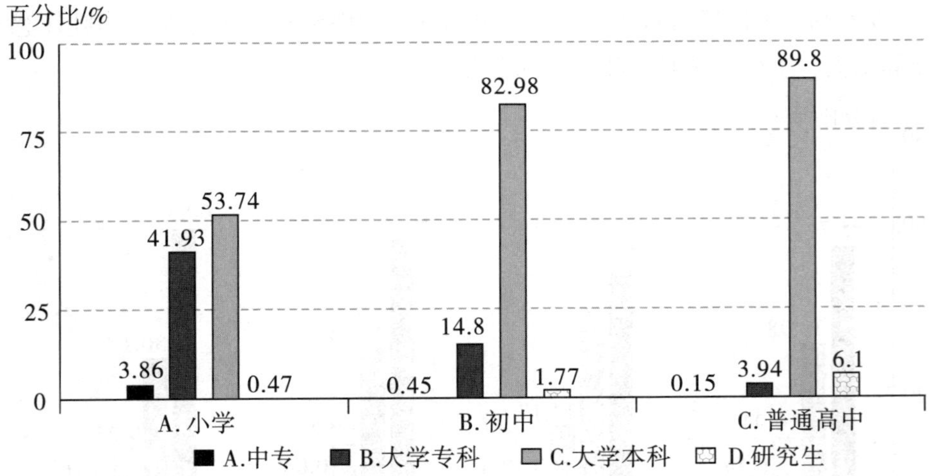

图 1－27　教师学历与从教学段分布

第五，教师从教学段与目前最需要提升的能力有一定关系。教师对课堂教学能力的提升需求比例在三个学段中都是各能力需求比例中最高的，其中小学阶段的比例更高。此外，小学教师对信息技术应用能力的提升需求占比更高，初中和高中教师对教科研能力的提升需求占比相对更高（如图 1-28 所示）。

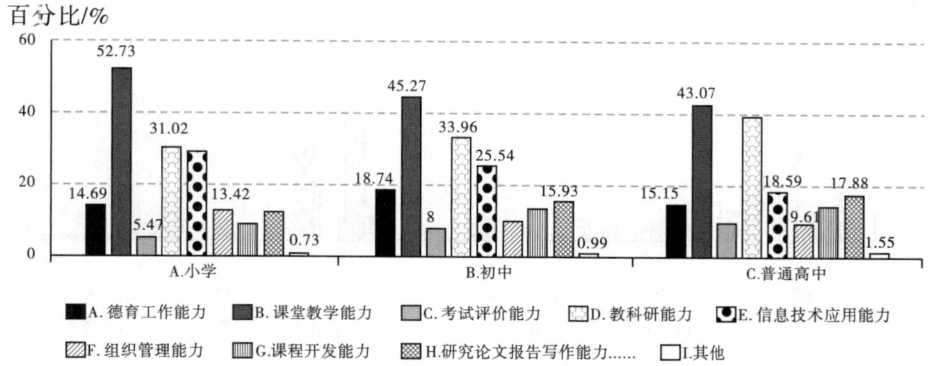

图 1-28　教师从教学段与目前最需要提升的能力

第六，中小学教师以女性为主已经成为现代学校教育的师资队伍最明显的特点之一。从学段分布看，各学段都是女教师人数占多数，小学女教师占 77%，初中女教师为 59%，高中女教师有 57%（如图 1-29 所示）。这显示女性教师更多集中在小学阶段。

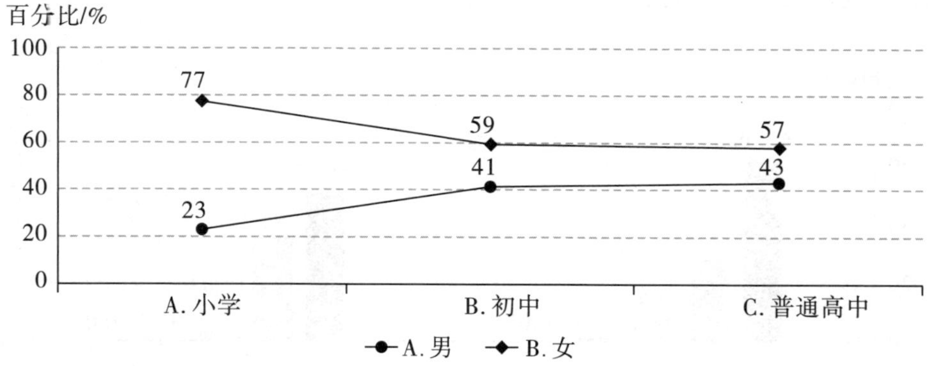

图 1-29　教师性别与从教学段

第七，教师性别与任教学科也有一定的相关性。女教师从事语文、外语、数学和道德与法治等文科类学科的人数较多，男教师中从事数学、语文、体育和物理的教师较多。其中，女教师中约有 31% 从事语文教学，男教师中约有 24% 从事数学教学（如图 1－30 所示）。

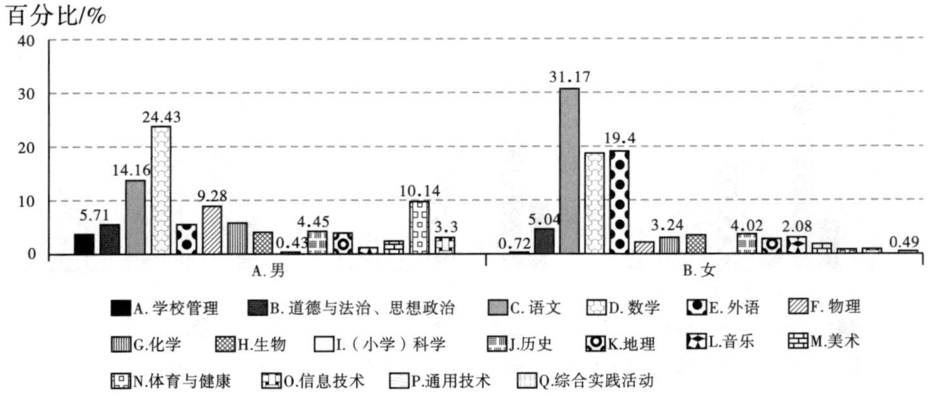

图 1－30　教师性别与任教学科

第八，教师性别与工作胜任感之间有一定的差异。男教师认为自己完全胜任工作的比例约为 63%，女性教师约为 51%；较好胜任和基本胜任程度上，女教师比例较高（如图 1－31 所示）。这是一个主观感受方面的问题设计，统计结果与经典的关于两性自信心方面的研究结果一致，可能在胜任能力方面没有根本差别，差别仅在于女性自信心水平较男性低有关而已。

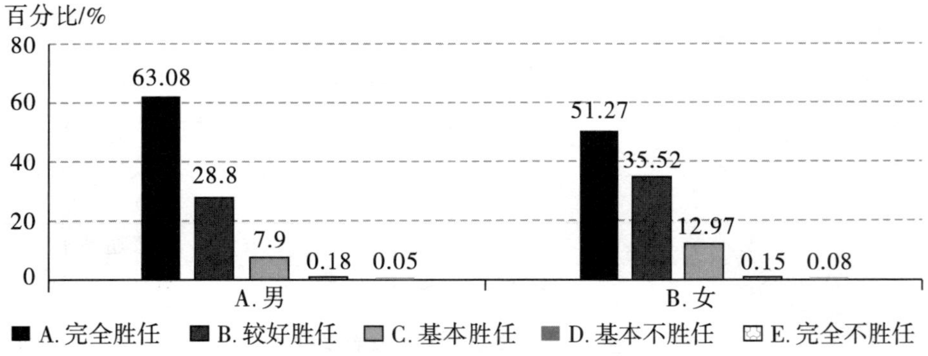

图 1－31　教师性别与工作胜任感

第九，教师性别与职称高低分布之间关系可以看出，女教师初级、中级职称比例较高，高级比例较低（如图 1－32 所示）。由于职称直接与教师的工资待遇有关，可以推知女教师的工资收入水平低于男教师。

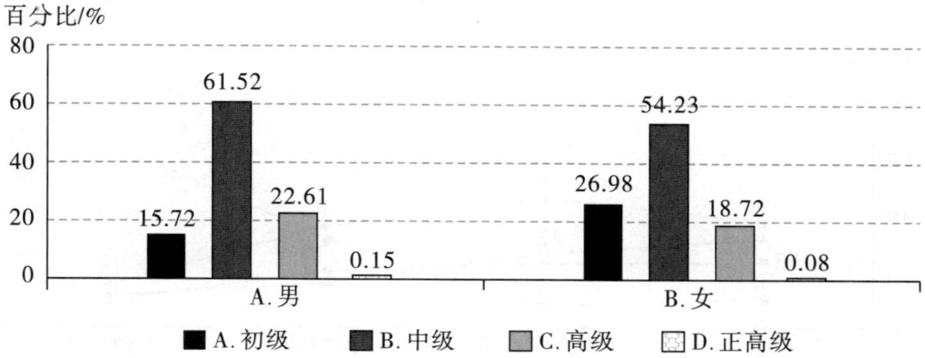

图 1－32　教师性别与职称分布

第十，教师的年龄与其工作胜任感呈现正相关，年龄越大，工作胜任感越强。30 岁以下教师中有 25% 感到自己完全胜任工作，而在 40 岁以上教师中有近 70% 认为自己完全胜任工作（如图 1－33 所示）。中小学教师是一个专业性工作，同时也是一个经验性工作，工作时间越长，积累的经验越丰富，对工作就越加游刃有余。

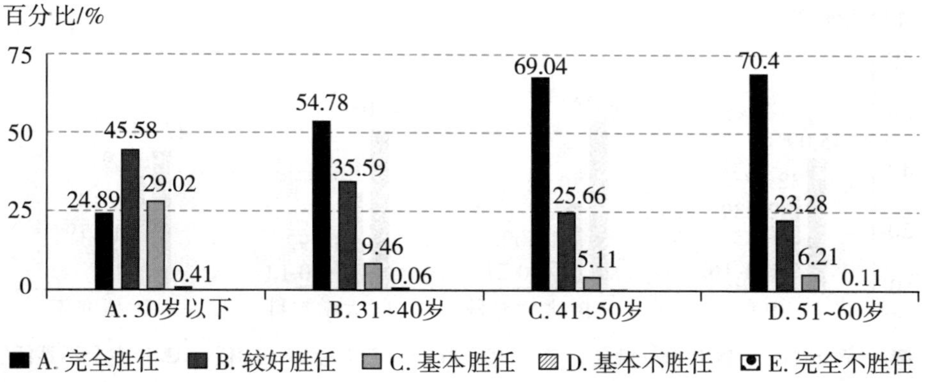

图 1－33　教师年龄与工作胜任感之间关系图

第十一，教师学历与任教地区有一定关系。在珠三角地区，具有中专学历教师比例仅为10%，本科学历教师占30%，研究生学历教师占64%；而在粤东西北地区，具有研究生学历的教师比例都在15%以下。粤东地区具有大专学历的教师占到了44%，这一点远远高于省内其他地区（如图1－34所示）。

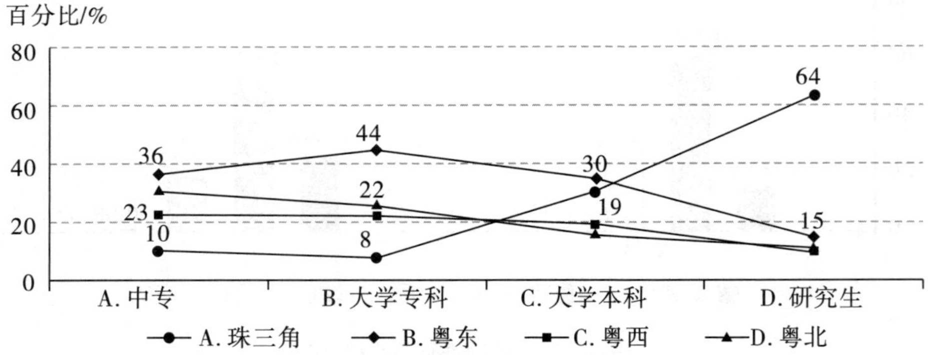

图1－34　教师学历与任教地区

第十二，教师学历与工作胜任感之间有一定关系。具有大学专科和本科学历教师的胜任感最高，其次是具有研究生和中专学历的教师（如图1－35所示）。具有研究生学历的教师多数工作时间比较短，处于教师的新手阶段，工作的胜任感受到一定的影响。

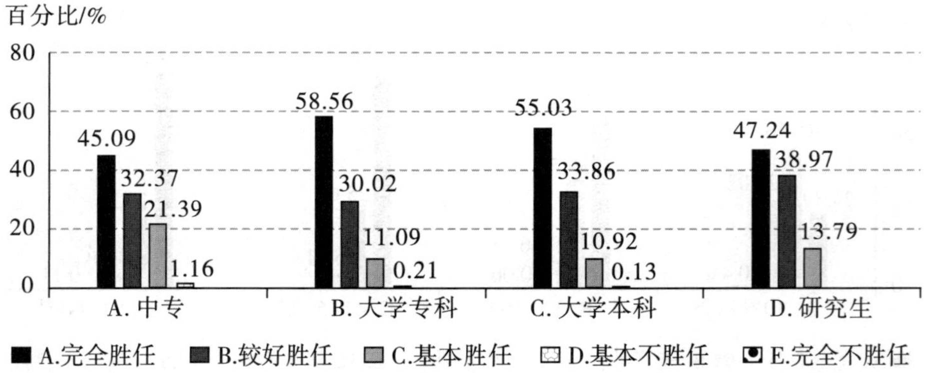

图1－35　教师学历与工作胜任感

第十三，教师学历越高，教龄较短者越集中。这说明研究生学历教师都是近期进入中小学教师队伍的。具有研究生学历的教师有30%的教龄在5年以内。中专学历的教师大多数教龄在20年以上，大专学历教师有45%的教龄在20～30年之间，本科学历教师的教龄分布比较均匀（如图1－36所示）。

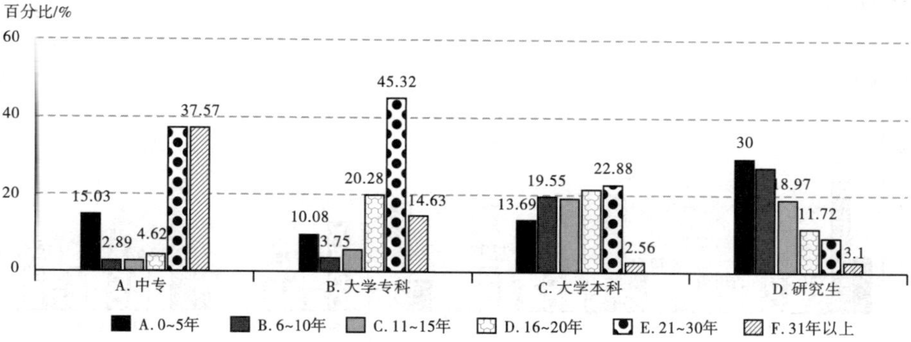

图1－36　教师学历与教龄

第十四，关于各个学科教师的工作胜任感，通用技术、（小学）科学、综合实践活动和信息技术教师的工作胜任感较为欠缺（如图1－37所示），加强这几个学科教师的教研活动与专业培训十分迫切。

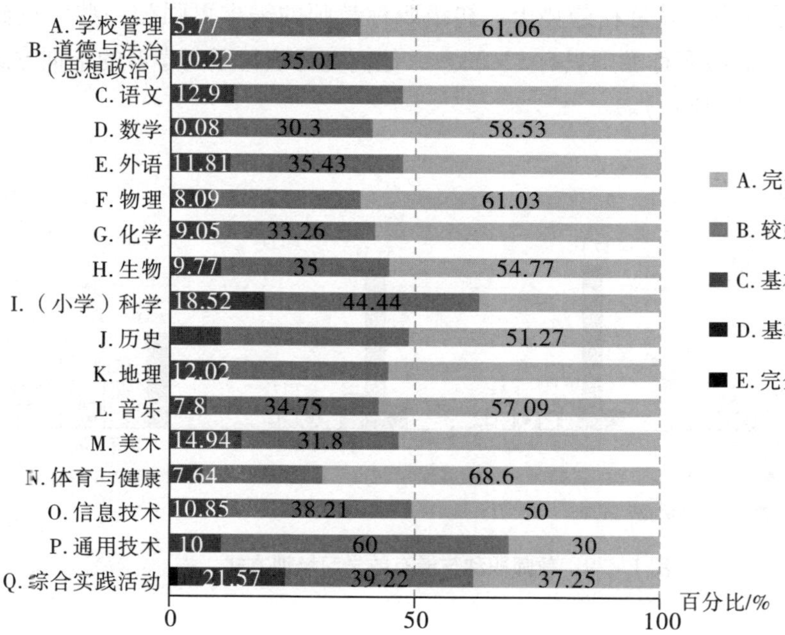

图1－37　任教学科与工作胜任感

第十五，教师职称与目前最需要提升的能力之间，所有职称级别的教师都选择了课堂教学能力，尤其以初级职称教师表现得最为迫切。信息技术应用能力提升方面，中级以上职称教师这方面需求比较高，初级和中级职称教师觉得自己的德育工作能力最需要提升，看来德育能力和工作经验有着一定的相关性（如图1－38所示）。

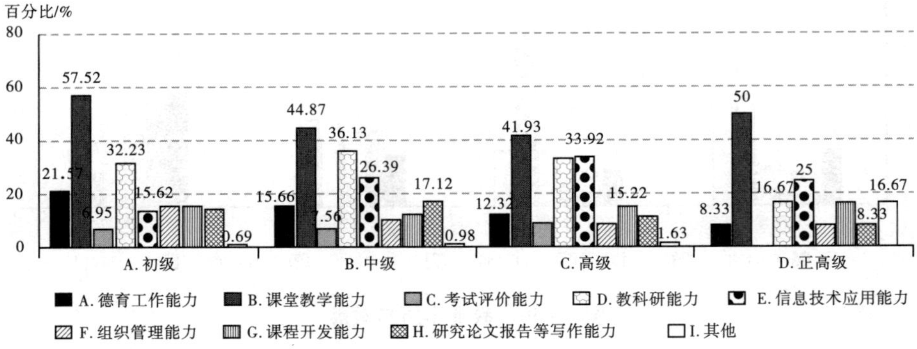

图1－38　教师职称与目前最需要提升的能力

第十六，关于最有效的学习研训方式方面，几乎所有职称级别的教师都选择了教学示范课观摩，只是在趋势上，初级职称教师的需求更强烈一些，达到了61.93%；而正高级职称教师只有33.33%，他们觉得项目跟岗学习的培训方式更有效（如图1－39所示）。

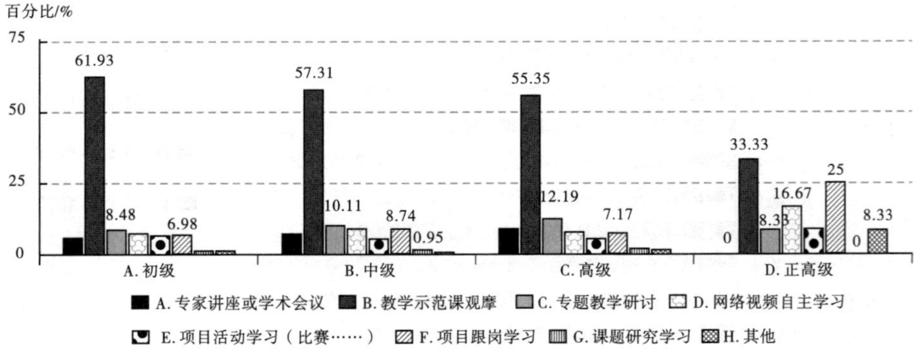

图1－39　教师职称与最有效学习培训方式

第十七，不同学科的校本教研活动次数也是有差异的，语文、物理、生物、历史、体育与健康、音乐等学科的教研活动次数较多，而通用技术、综合实践活动和科学的教研活动次数较少（如图 1－40 所示）。

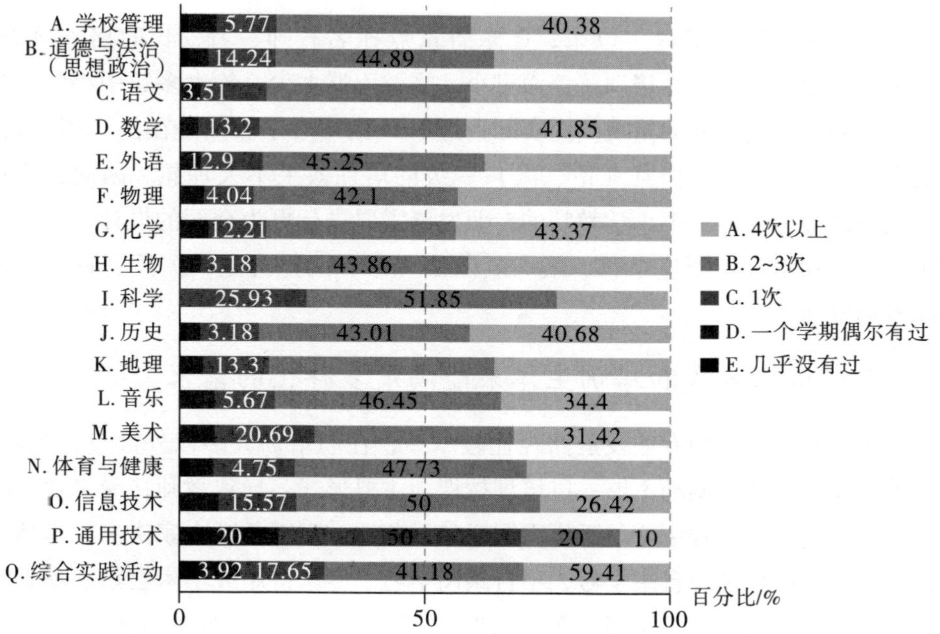

图 1－40　教师任教学科与培训次数

小学教师在地域、从教学段、任教学科、学历和职称方面的不同，相应地也会产生专业发展和培训需求方面的较大差异。有针对性地开展中小学教师在职培训与专业提升是教育从外延发展走向内涵式发展的迫切需求，希望这里的交叉分析能为广东省教师的在职培训提供决策参考。

三、中小学教师专业发展调研结论

自 2010 年《国家中长期教育改革和发展规划纲要（2010—2020 年）》（以下简称国家教育规划纲要）和《广东省中长期教育改革和发展规划纲要（2010—2020 年）》（以下简称省教育规划纲要）实施以来，广东省中小学教师规模稳步增加，学校生师比进一步优化，教师队伍结构逐步优化，学科教师紧缺状况有所改善，农村中小学合格教师得到有效补充，城乡教师水平差距逐步缩小，专任教师学历达标率进一步提升，教师参加高水平培训的机会进一步增加，中小学教师队伍的整体素质得到进一步提高。但教师队伍发展仍然存在不少问题，仅就中小学教师培训方面，以下几点值得注意。

（一）高质量的专业培训覆盖面未能满足广大教师需求

自从开展“强师工程”以来，广东省重点抓名教师、名校长的培养培训，但这种高质量的专业培养培训覆盖面过小，受益人群太少，绝大多数中小学教师的专业发展未受到足够的重视。而实际上近70%的中小学教师是在县（市、区）一级参加在职培训的，但县（市、区）一级的培训效果不大理想。因此，应加强培训的统筹力度，对中小学教师的专业发展需要进行更为全面的设计，教师培训工作重心和培训资源应下移，培训应以县（市、区）为主，关注到每一个教师的专业发展。

（二）培训方式和培训主体未能满足多样化的需求

中小学教师现有的专业发展路径比较单一，在职培训大多以外部设计为主，对教师自身主体性的调动不够；以培训授课为主要形式，导致教师接受专业培训比较被动，实际上教师更希望听优秀同行的示范课，而不是听专家讲座。当然专题教学研讨、网络视频自主学习、项目跟岗学习、专家讲座或学术会议、项目活动学习（比赛、考察、专项任务等）、课题研究学习等也是不错的方式。

师资培训主体比较单一，教师发展中心培训资源和能力有待加强。目前主要以师范类院校为主体的培训模式未能很好地解决中小学教师实际教学和专业发展中面临的大量的现实问题和教育教学中新出现的问题。应考虑到教师在区域、城乡、学段、学科、年龄、学历、职称等方面对专业发展和培训需求存在较大的差异性，加强教师专业发展的制度建设，统筹省、市、县教师继续教育部门、教研部门和高校教师发展中心的力量，增加多样化的培训方式，丰富培训资源，增强培训的针对性和有效性，满足中小学教师的多样化需求。

网络培训本是中小学教师期待的一种新方式，但结果却变成教师们意见最大的方式，许多地方的教师甚至把这个培训当成负担。其中最主要的原因是培训内容设置的问题，培训内容与教师需求间存在差距，缺乏操作性和直观性；其次是平台设计的问题，培训缺乏互动；最后就是授课教师本身的水平和能力问题。

信息技术应用于教师专业发展是一个必然趋势，网络培训如何与名师送教、实地考察、跟岗学习等较为有效的方式相互补充是值得研究的方面。

（三）培训效果未能达到预期目标

由于对不同区域、学段、学科、年龄、学历、职称教师的不同专业发展需求缺乏了解，以致培训目标定位和内容设计缺乏针对性，培训中多重视理论讲授而轻视实践操作层面现实问题的分析，因此培训效果不理想。实际上，中小学教师最需要提高的是课堂教学能力，其次是教科研能力，最后是信息技术应用能力、德育工作能力、研究论文报告等写作能力、课程开发能力、组织管理能力、考试评价能力等，并希望增强内容的先进性、针对性和实践性。显然，针对不同的教师发展水平，开展多方面、多形式、有梯度、可选择的教师专业培训十分迫切。

（四）中小学校本教研缺乏针对性专业引领

校本教研是中小学教师专业发展的主要平台，校本教研开展的形式、频次、效果等都是影响教师专业发展的重要因素。虽然学校普遍重视校本教研活动，但由于多数学校缺乏校本教研的领军人物或者缺乏专业引领人，导致校本教研在低层次上徘徊，教研活动主要是集体备课和教学公开课。而老教师与新教师的结对传帮带、开展专题研讨和课题研究的不多，教研活动形式比较单一，经验交流层面居多，这既反映了广大教师日常工作主要是备课、上课等围绕着具体学科开展的教研，同时也反映了学校层面的教研活动需要更多的引导和提升。对于欠发达地区的学校来说，他们一方面缺乏优秀教师的引领，另一方面又担心优秀教师流失而不愿意培养和提升优秀教师。

（五）中小学教师专业发展相关研究较为匮乏

中小学教师专业发展中的许多问题亟待研究解决，如教师专业发展的标准问题，不同层次水平教师达成路径问题，名教师、学科带头人、骨干教师和评上高级职称的教师未来的专业发展问题等。然而广东省专门关注中小学教师专业发展的专家队伍尚未建立。由于高校考核机制等方面的原因，高校教师对培训工作深入研究的积极性和时间精力投入都比较有限，系统性、专门性的研究比较少，研究队伍尚未形成。而师范类高校的教师培训机构专业人员比较缺乏，对中小学教师专业发展的研究以及课程设计、资源建设、培训模式等都难以适应中小学教师实际教学以及专业发展中面临的大量的现实问题和教育教学中涌现的新问题。

（六）教师培训的评价和监督工作未到位

中小学教师专业发展的科学内涵及其评价、检测指标体系和教师培训的评价与反馈完善机制尚未建立健全。目前中小学教师在职培训与进修通常是学习完了就结束了，没有对培训质量进行更深入的跟踪分析与研究，对存在的问题和培训过程中的问题没有及时纠正改进。各级教育主管部门对中小学教师专业发展和教师培训工作尚未足够重视，严格的督导检查机制尚需建立健全，对教师培训经费使用效益的研究比较粗犷，中小学教师在职培训的评价与效果监督尚需加强专业化研究。

附件：

广东省中小学教师专业发展状况调查问卷

尊敬的老师：

您好！基于研究和服务中小学教师发展的需要，我们设计了这份问卷，希望了解您所在学校教师（包括校领导）专业发展的状况和对教师专业发展的意见建议。本问卷采取不记名方式，仅供研究之用。您真实、负责的回答对我们的研究工作非常重要。非常感谢您的合作！

请按题目要求，根据实际情况和体会在您认为合适的选项上点击选择，或在横线上填写相应内容。除多选题特别标注外均为单选题。

广东省教育研究院
2016年9月10日

一、基本信息

1. 您的性别：

A. 男　　B. 女

2. 年龄：

A. 30岁以下　　B. 31~40岁　　C. 41~50岁　　D. 51~60岁

3. 最高学历：

A. 中专　　B. 大学专科　　C. 大学本科　　D. 研究生

4. 职称：

A. 小学二级　　B. 小学一级　　C. 小学高级　　D. 小学高级（副高）
E. 中学二级　　F. 中学一级　　G. 中学高级　　H. 中学正高级

5. 任教时间：

A. 0~5年　　B. 6~10年　　C. 11~15年　　D. 16~20年
E. 21~30年　　F. 31年以上

6. 目前从教的学段：

A. 小学　　B. 初中　　C. 普通高中

7. 任教学科（或主要工作）：

A. 学校管理　B. 道德与法治（思想政治）

C. 语文　D. 数学　E. 外语　F. 物理

G. 化学　H. 生物　I.（小学）科学　J. 历史

K. 地理　L. 音乐　M. 美术　N. 体育与健康

O. 信息技术　P. 通用技术　Q. 综合实践活动

8. 任教学校所在区域：

A. 乡村　B. 中心乡镇　C. 县城　D. 中心城市

9. 任教地区：

A. 珠三角　B. 粤东　C. 粤西　D. 粤北

二、教育教学工作满意度

10. 本人所学专业与目前任教学科（工作）的相关性：

A. 完全匹配　B. 基本相关　C. 不大相关　D. 基本不相关

E. 完全不相关

11. 您觉得学校分配的工作量：

A. 严重超量　B. 超量　C. 基本适量　D. 比较轻松

E. 非常轻松

12. 教育教学工作在您所有学校工作中的所占比重大约为：

A. 90%　B. 75%　C. 50%　D. 30%

13. 您觉得自己的教学工作（或学校管理工作）胜任度为：

A. 完全胜任　B. 较好胜任　C. 基本胜任　D. 基本不胜任

E. 完全不胜任

14. 您对自己目前教学工作（或学校管理工作）的总体评价为：

A. 非常满意　B. 较好满意　C. 基本满意　D. 基本不满意

E. 完全不满意

三、在职学习培训方式及内容

15. 您所在学校的校本教研活动方式为：（可多选）

A. 专家讲座　B. 集体备课　C. 举办教学公开课　D. 专题研讨

E. 小课题研究　F. 结对传帮带　G. 几乎无教研活动

H. 其他

16. 每月校本教研活动次数：

A. 4 次以上　B. 2～3 次　C. 1 次

D. 一个学期偶尔有过　E. 几乎没有过

17. 校本教研活动对您专业发展的影响情况：

A. 影响很大　B. 有一定影响　C. 影响不大

D. 没有产生多大影响

18. 您每年参加校外学习培训的情况：（可多选）

A. 国家级培训或国际会议　　B. 省级　　C. 地市级

D. 县（市、区）级　　E. 较少参加各级学习培训

F. 几乎没有参加过校外学习培训

19. 您参加的校外学习培训的主要方式：（可多选）

A. 专家讲座或学术会议　　B. 教学示范课观摩　　C. 网络视频自主学习

D. 专题教学（活动）研讨　　E. 项目活动学习　　F. 项目跟岗学习

G. 其他

20. 目前常见的在职学习培训内容：（可多选）

A. 国家和省教育政策解读

B. 教育教学基本理论

C. 教育心理学

D. 课程改革相关理论与标准解读

E. 教学设计理论与实践

F. 学科教材与教学研讨

G. 教育教学评价理论与实践

H. 教育研究方法与实践

I. 学校管理与现代学校建设

J. 信息技术操作技能

K. 信息技术与学科融合

L. 其他

21. 您觉得校外学习培训有什么收获？（可多选）

A. 开阔了视野，增长了学科专业知识

B. 与学生交往互动的能力提高了

C. 做好教育教学工作的信心和责任感增强了

D. 教学能力提高了

E. 信息技术应用能力提高了

F. 教育教学评价能力提高了

G. 教科研能力提高了

H. 课程开发能力提高了

I. 组织管理能力提高了

J. 没有多大收获，仅是为了完成学分

22. 您对在职学习培训的内容的总体评价：

A. 非常满意　　B. 基本满意　　C. 一般　　D. 基本不满意

E. 完全不满意

23. 您对在职学习培训的形式的总体评价：

A. 非常满意　B. 基本满意　C. 一般　D. 基本不满意

E. 完全不满意

24. 下列学习研训方式中，您觉得效果较好的是：（可多选）

A. 专家讲座或学术会议

B. 教学示范课观摩

C. 专题教学研讨

D. 网络视频自主学习

E. 项目活动学习（比赛、考察、专项任务等）

F. 项目跟岗学习

G. 课题研究学习

H. 其他

四、专业发展需求与建议

25. 您觉得您目前最需要提升的能力是：（可多选）

A. 德育工作能力　B. 与学生交流互动能力

C. 课堂教学能力　D. 信息技术应用能力

E. 考试评价能力　F. 教科研能力

G. 研究论文报告等写作能力　H. 课程开发能力

I. 组织管理能力　J. 其他

26. 您能接受在职学习研修的频次：

A. 每两周一次　B. 每月一次　C. 每学期一次　D. 每学年一次

E. 每两年一次

27. 您觉得一次集中学习研修的时间最好是：

A. 1~2 天　B. 3~5 天　C. 2 周　D. 1 个月

E. 2 个月　F. 3~6 个月

28. 您最想参加的在职学习研修的方式：（可多选）

A. 一对一师徒传授

B. 教学观摩与考察

C. 学术会议和专家讲座

D. 网络课程学习

E. 专题研讨会

F. 项目活动学习（比赛、考察、专项任务等）

G. 项目跟岗学习

H. 课题研究学习

I. 其他

29. 为更好提高中小学教师（含校领导）专业发展水平，您对在职学习研修内容和方式的建议是：（可多选）

A. 增强内容的先进性，拓宽学员的视野

B. 提高内容的针对性，适应不同水平的学员

C. 加强内容的实践性，多进行案例教学

D. 内容多样模块化，让学员有选择的余地

E. 多提供网络课程学习，减少外出时间

F. 多开展比赛、考察、课题等项目活动学习

G. 多组织有专项任务的跟岗学习

H. 其他

参考文献

[1] 国务院关于加强教师队伍建设的意见（国发〔2012〕41号）[Z].

[2] 国务院办公厅关于印发乡村教师支持计划（2015—2020年）的通知（国办发〔2015〕43号）[Z].

[3] 教育部 财政部关于实施“中小学教师国家级培训计划”的通知（教师〔2010〕4号）[Z].

[4] 教育部关于大力加强中小学教师培训工作的意见（教师〔2011〕1号）[Z].

[5] 教育部关于大力推进教师教育课程改革的意见（教师〔2011〕6号）[Z].

[6] 教育部 国家发展改革委 财政部关于深化教师教育改革的意见（教师〔2012〕13号）[Z].

[7] 教育部关于印发《幼儿园教师专业标准（试行）》《小学教师专业标准（试行）》和《中学教师专业标准（试行）》的通知（教师〔2012〕1号）[Z].

[8] 教育部关于深化中小学教师培训模式改革全面提升培训质量的指导意见（教师〔2013〕6号）[Z].

[9] 教育部 财政部关于改革实施中小学幼儿园教师国家级培训计划的通知（教师〔2015〕10号）[Z].

[10] 教育部关于实施卓越教师培养计划的意见（教师〔2014〕5号）[Z].

[11] 教育部办公厅关于印发乡村教师培训指南的通知（教师厅〔2016〕1号）[Z].

[12] 广东省人民政府关于全面实施“强师工程”建设高素质专业化教师队伍的意见（粤府〔2012〕99号）[Z].

[13] 广东省人民政府办公厅关于印发广东省乡村教师支持计划实施办法（2015—2020年）的通知（粤府办〔2016〕3号）[Z].

[14] 广东省教育厅关于加快推进实施乡村教师支持计划（2015—2020年）的通知（粤教师函〔2016〕19号）[Z].

[15] 广东省教育厅关于开展国家级和省级示范性教师培训机构评估认定工作的通知（粤教继函〔2012〕28号）[Z].

第二章 外省市中小学教师专业发展经验借鉴

近年来，随着教育改革发展的不断推进，我国许多省市的教育已获迅速发展，质量明显提高，成为我国教育发展的“标兵”。为了学习借鉴兄弟省市中小学教师专业发展方面的宝贵经验，广东省教育研究院组织考察项目组于2016年9—10月前往上海、江苏、浙江等多个省市考察学习，同时对相关管理文件和有关文献资料进行研究。这些省市的做法都有一个共同特点，就是中小学教师培训和教研活动两手一起抓，因此本章均从这两个方面进行概述。

中小学教师培训大多由师范类院校、教育学院、教师进修学校等培训机构来做，主要关注国内外最新教育教学理论的发展和宏观教育方针政策的解读与学习等；教研活动主要是由省、市、县（市、区）教研机构来做，更多关注课堂教学、国家课程实施落地、地方课程和校本课程的开发实施等，对于促进教师课堂教育教学水平和能力的提升具有不可或缺的作用。由教研系统组织的固定的周期性教研活动是具有中国特色的中小学教师专业发展的重要途径，非常值得关注。

一、江苏省的做法和经验

（一）教师培训方面的做法和经验

江苏省中小学教师培训主要有高端教师校长培训、高中教师校长培训、农村教师校长培训、特殊教育教师校长培训、德育骨干教师培训、专题专项培训等六大类别。从其培训课程内容看，主要分为专业理念与师德、专业知识和专业能力三个方面。专业知识方面除了教育专业方面的知识，还着重加入了通识知识，全面发展教师综合素质；在专业能力方面，注重教师现代教育技术能力的提升。课程实施采取培训方式多样化，如案例式、探究式、讨论式、现场观摩式等，根据不同的课程内容和参训对象的特点，灵活选取多种培训方式，并且注重理论与实践相结合，以参训教师的需求为中心，创设教学情境。

江苏省还鼓励培训机构自主研发特色专题，与课程内容中选用的专题有机结合，鼓励有条件的培训机构针对学员的不同需求开展有特色的选修课程，体现培训的灵活性、自由性。此外，江苏省还引进美国、加拿大、澳大利亚等国家的教师，利用暑假培训中小学甚至幼儿园一线教师，培训学科从开始时的英语逐步扩展到数学、物理、化学、体育、音乐、美术等学科。这种引智培训很受一线教师欢迎。

江苏省对培训的师资要求严格，实行首席专家负责制。首席专家必须具备副高级职称和较高的专业水准，全程负责教师培训的设计、实施、总结和评价等各项工作。为了保持教师团队的结构搭配合理性，组建了一支不仅包括教育学科的研究者，还包括有着丰富一线教育教学经验的基础教育专家的高水平教师培训师资团队。对教师培训效果评价方面，江苏省采取多种评价方式相结合，如定性与定量评价相结合，专家评价与参训教师评价相结合，将课堂作业、读书心得、结业论文等理论性评价与案例分析、交流研讨、实际操作能力等实践性评价相结合，过程性考核与终结性考核相结合等多元化评价方式，对参训教师的学习效果和专家团队的教学实施效果及水平做出全面、客观、科学的评价。此外，很注重对教师培训效果评价的追踪回访，为后期教师培训提供借鉴。

江苏省各级教育管理机构重视示范性县级教师发展中心建设，努力健全省、市、县（市、区）教师研修中心和计算机远程教育培训平台，完善省、市、县（市、区）、校四级教师培训网络。高度重视农村教师和校长培训，以提高业务素质和学历层次为重点，对农村学校紧缺学科教师实行“订单式”培养或培训。注重民办学校教师培训工作。大力优化教师教育布局结构，择优确定并重点建设教师教育基地，构建以师范院校为主体、综合性大学参与、职前职后教育贯通、学历非学历教育并举的现代教师教育体系，形成以本科和研究生教育为主，开放性、多样化、高水平的教师教育格局。

（二）教研方面的做法和经验

江苏省中小学教研工作在以下几方面很有特色。

1．利用“教学新时空”平台开展网络教研

全省所有教师都可以在该平台免费注册。平台有如下两大块主要内容。

（1）名师课堂。每次确定一个教学主题，有点评专家，有教师上课视频。每个学科每年有 36 节课，所有学科每年共有 200 场活动。在全省建了 50～60 个教学新时空网络直播基地，每个市都有 3～4 个。名师课堂不仅展现了江苏省的名师风采，更重要的是通过现场直播、网上互动交流，使异地交流和现场研讨相结合，满足了新形势下教师专业发展的需求，体现了创新教研机制、转变教研方式、共享优质资源、提高教研效益的教研目标要求。

（2）特色教研。特色教研活动是省一级的活动，但各地或是学校可以利用自己的教学经验成果提出申请，经过省教研室审批后纳入、成为省级的特色教研活动。所有的省一级特色教研活动都向全省直播，在“教学新时空”平台提前一个月发布下一个月的教研活动计划单。通知事先由市、县教研室转发下去，地方组织老师参与网络教研。另外，各个学科都有学科网站，也是全部免费实名注册，比教研室的网站还要厉害，与教材配套，如英语学科网站，已经有 7 000 多万的点击率。“教学新时空”网络教研有以下特点：第一是主题化；第二是省市县可以同时组织；第三是分摊机制，建设基地，解决了地方或学校希望省的活动放在他们那里的需要；第四是免费公开和公益。

2. 坚持组织学科教学竞赛

江苏省多年来一直在进行三项教学比赛（现场优课、教学设计、教学论文等比赛），目前重点开展青年教师基本功大赛，这类重大项目性教研活动对教师教学能力的提升和骨干教师的培养有重大推动作用。青年教师基本功比赛以省教育厅的名义举行，由教研室各学科操作，每三年举行一次，每年各一个学段。通过这一赛事平台，让许多有才华的教师脱颖而出，形成了一个激励青年教师历练才华、提升教学技能的良好氛围。

3. 举办各类教育论坛、专题研讨会

如举办中小学特级教师论坛、名校名师论坛等，推广特级教师、名校名师的教学成果和经验，形成江苏特级教师、名师论坛的特色品牌。再如举办一系列教学研讨会，交流探讨课程改革的方向和经验，进一步提升课堂教学质量和水平。尤其是举办“长三角”基础教育课程与教学改革论坛，借助“长三角”教研发展共同体，江、浙、沪三地教研室通过每年举办一次专题论坛和若干学科性的教学研讨活动，共同推动教学研究工作的开展。

4. 创建普通高中课程基地

建设课程基地旨在不断改进教学方式、引导学生高效学习，促进教师专业成长，推动学校特色发展。课程基地是以创设新型学习环境为特征，以改进课程内容实施方式为重点，以增强实践认知和学习能力为主线，以提高综合素质为目标，促进学生在自主、合作、探究中提高学习效能，发掘潜能特长的综合性教学平台。创建课程基地就是创设具有鲜明特色的教学环境、突出核心教学内容的模型建构、建设促进自主学习的互动平台、开发丰富而有特色的课程资源、构建教师专业成长的发展中心、形成学生实践创新的有效路径。课程基地建设立足于服务学生的发展、教师的发展和学校的发展。通过在课程基地建设教研组织、开展教研活动、推广成果应用，大力提高教师专业水平，以名师支撑基地，以基地成长教师，以教师发展学生。

5. **坚持到各地学校进行专项调研**

教研室坚持进行常规的教学调研，这些年有意识地在一定时段内把这些常规性的工作项目化，让所有学科教学研究聚焦于几个重大主题，形成拳头效应。如2015年，江苏省教研室内部设立了课程教材改革重大项目研究，将过去的常规工作打包变成特色项目，一共形成了16个项目，聚焦于学科核心素养和关键能力培养，用项目方式推动，希望在3~5年之后形成一些突出成果。

二、浙江省的做法和经验

（一）教师培训方面的做法和经验

1. **优化教师培训制度，落实教师培训面向全员**

为落实《国务院关于加强教师队伍建设的意见》，根据教育部的统一部署，浙江省承担了“教师培训管理制度的改革与创新”的实验任务。为了深入推进这一项目，浙江省教育厅出台了《浙江省中小学教师专业发展培训若干规定（试行）》，提出对中小学教师和校长实施“轮训制”，即所有中小学教师和校长专业发展培训“每5年为一个周期”“周期内参加专业发展培训时间应累计不少于360学时”，其中每年参加集中培训的时间不少于24学时，5年内必须参加一次90学时的脱产集中培训。同时，要求各级培训机构和中小学校通过常态的上岗培训、岗位培训、校本研训、提高培训等形式，全面提升每位在职、在岗教师和校长的综合素质与执教（办学）能力。

2. **以能力为重，重视培训价值取向的实践性**

《教师教育课程标准（试行）》把“实践取向”作为一条核心理念，指出“教师是反思性实践者，在研究自身经验和改进教育教学行为的过程中实现专业发展。教师教育课程应强化实践意识，关注现实问题，体现教育改革与发展对教师的新要求”。为了改变教师培训中脱离实践、轻视反思的倾向，浙江省在教师培训中重视个人经验，强化实践意识，关注实践问题，将理论学习与实践反思紧密结合。在内容上，以实践者（参训者）在实践中遇到的问题或关心的主题为中心；在培训者的选择上，以实践者培训实践者为主；在培训方式、方法选择上，以引领实践者参与、体验解决、分析、研究实践中的问题为目标；在培训基地的选择上，让参训者们走进实践基地、走进课堂、走近名师名校长，在真实的情境中，在理论和实践导师的引领下，观摩学习，深度体验，全身心、零距离地感受基地学校实践导师的办学理念、教学艺术、教育思想、技能技巧等。

3. **以教师为本，促进教师专业发展现代化**

教育现代化的终极追求就是实现人的现代化，而人的现代化的核心价值就是呼唤人的主体意识，高扬人的主体性。教师的培训要在促进“人的现代化”中发挥作用，就必须尊重教师的“自由主动者的资格”，凸显教师的“精神的灵性”。教师的发展最终表现为教师自己的发展，即自主发展，“以教师为本”的教师培训就必须强调参训者在培训中的主体地位。为此，浙江省率先在全国掀起教师培训管理制度改革的突破与创新，其核心精神就是彻底打破传统“行政”“计划”自上而下的培训观念，完全实现教师培训的自主、自由和自动，把培训的自主权与选择权交给教师，凸显参训主体的主体意识和主体地位，尊重教师发展的个性化和差异性。

4. 打破传统计划模式，引入培训竞争机制

浙江省建立了一个教师培训网络平台，凡是具有教师培训机构资质的单位，每年可向省教育厅师范处申报培训项目。浙江省鼓励中小学教师和校长在培训网络平台自主选择培训课程和培训机构，倡导省、市、县三级培训机构加强与国内外培训机构、知名高校的合作交流。这些竞争性机制的建立，一方面维护了参训者的自主权和选择权，另一方面确保了教师培训的质量和效益。

5. 关注源头，在培训者队伍建设上强化“培训师培训”

浙江省成立了“理想培训团队”，专业从事教师培训机构的培训者培训，即以培养和培训大批优秀的教师培训师为共同的理想愿景，以增强培训效果、创新培训模式、提升培训质量为业绩目标，为共同完成教师培训师培训的任务而明确分工协作、相互承担责任，实现知识技能互补、优势资源整合的教师培训者个体而组成的群体。理想培训团队已经对浙江省各个地市培训机构的培训者开展了“教师培训师培训”，有效地提升了浙江省各级教师培训机构培训者的素质与技能。

6. 加强教师培训质量管理，保障教师培训质量

一是切实加强对教师选课的科学指导。培训机构要准确把握教师专业发展不同阶段的特点和规律，分层分类设计培训项目，以便教师科学选课；中小学校要加强对教师选课的指导，帮助教师选择适合自身发展阶段和有利于弥补自身专业发展“短板”的培训项目，并将教师参加专业发展培训与学校教师队伍建设有机结合，有目的、有针对性地提升教师综合素质和教育教学能力。二是充实和优化教师培训资源。省级建立名师工作室，建设优质培训专家资源库；各地加强培训者队伍建设，注重发掘和培养本土具有丰富教学经验的一线优秀教师，并将其充实到培训师资队伍中，同时积极利用本地区外的优质师资，优化培训师资结构；充实教师培训项目、课程，特别是面向紧缺学科和学段的项目，保证教师选课需求；努力拓宽优秀培训课程资源利用渠道，逐步建设免费、开放的优质网络课程资源库，网上网下相结合有效开展教师培训。三是严格教师培训过程管理。实施培训项目日志管理制度，严格参训纪律管理，严格培训承诺落实，严格学员学习过程评价。四是建立相互制约的教师培训质量反馈制度。建立参训教师、培训机构、培训者相互评价、相互制约机制，对重点项目要增加对每位授课教师和各培训环节的测评，评价结果以适当方式反馈给参训教师、中小学校、教师培训机构和相关教育行政部门，从“教、学、管”三方面入手，狠抓教师培训质量，并加强教师培训的评价和激励。

（二）教研方面的做法和经验

浙江省中小学教研工作在以下几方面很有特色。

1. 深化普通高中课程改革

主要有七大举措：一是优化课程结构，为学校培育特色、学生个性发展腾出时空。针对普通高中课程统一设置、统一修习的必修课程偏多，学生自主学习、学校特色发展空间时间仍显不足等问题，浙江省大胆调整高中课程结构，减必修增选修，将必修课程从116学分减少到96学分，选修课程从28学分提高到48学分，大幅度提高选修课程的比例。二是强化课程设计，构建学校多样化课程体系。学校以其办学定位、价值追求和学生的发展需求、充分选择为逻辑起点，理清学校办学思路和特色，对学校课程体系进行顶层设计，精心研制定位准确、特色鲜明、结构完整、层次分明的课程方案，学校课程设置呈现出多样化特点。三是加强课程建设，充分满足学生选择性学习的需求。浙江省提出“把更多的课程开发权交给教师”，发动教师把握各个学科的核心素养，审视现行普通高中课程与教材的结构性缺陷，找寻选修课程开发的支点，从本校实际和学生需求出发，积极开发选修课程，满足学生选课需要。四是转变育人模式，建立学生选择性学习的育人机制：允许学校自主安排课程，积极推进选课走班，实行弹性学制。五是统筹社会资源，拓宽学校教育多样化的育人渠道：借助当地职业教育资源，普职校际合作；借助当地产业基地、知名企业的技术与要素，社会团体合作开发课程；借助国内外大学资源，开发大学选修课程。六是改革课堂教学，丰富学生的学习经历。不少学校和教师借力选修课程的开设，自主开展课堂教学改革探索，把握课堂要素，促进学生学习方式的真实变革，慢慢地让一个模式、“一潭死水”的高中课堂变得活跃起来。七是推进评价改革，强化多元评价的育人导向作用：建立普通高中学业水平考试制度，实行全科考试，为了增加选择性，学业水平考试每年全科开考两次，允许学生自主选择参加考试的时间和科目，允许两次参加同一科目考试，以最好成绩记入档案；全面实行学生成长记录和综合素质评价，建立了学生成长记录和综合素质评价网络平台，与高中学籍管理、学业水平考试实行“无缝对接”，监控过程，减少工作量。

2. 认真组织教学评比活动

浙江全省教研评比活动按年度打包进行，每年由教研室统整发文，分学科进行，年终统一发放证书。例如，2016 年 1 月，浙江省教育厅教研室印发了《浙江省教育厅教研室关于组织 2016 年教学研究评比和征集活动的通知》（浙教研室〔2016〕2 号），公布了本年度的评比与征集活动内容：①教学论文评比；②教学活动评比；③教学研究成果评比；④普通高中精品课程征集活动；⑤义务教育精品课程（拓展性课程）征集活动。其中对各类评比如何操作进行了具体、细致的规定。各学科各学段围绕着这些内容开展活动，这样就避免了活动太多太散的问题。

3. 开展农村中小学“小班化教育”综合性改革

一是推行基于调研的现状问诊策略，摸清农村自然小班学校的基本情况，了解农村小班化教育改革的现实需求，明确农村小班化教育改革的教研方向，实现浙江省小班化教育改革从“理论导向”走向“实践导向”的方向转型。二是构建基于试点的多样研究机制，通过以“联盟”为依托的试点培育机制、以典型为抓手的经验提升机制、以常规为依托的研教融合机制的有效运作，实现小班化教育改革从“典型培育”走向“经验推广”的实践行进。三是打造适合浙江本土的改革行进路线，通过《推进农村中小学小班化教育工作的指导意见》的出台和贯彻、骨干师资培训、区域行政推进，加强行政的支撑保障，探索从“教研探究”走向“行政推进”的综合改革路径。上述行动使浙江省走上了一条既符合国际教育改革发展趋势，又具有浙江本土特色的小班化教育改革之路。

4. 认真做好培训者的培训工作

培训对象主要是市、县（市、区）教研员和学校骨干教师，即种子选手，让他们回去培训所在区域所有教师。教研室开展的培训主要有以下类别：①教研员和骨干教师培训；②新教研员培训（0 ~ 5 年）培训；③省教育厅下达的培训任务，如中考命题、学业水平考试命题等。这三类培训是通过网络平台进行的，一般会把培训和教研活动结合起来，培训的具体方式可以多种多样，如通识培训上大课，学科培训开研讨会，下到学校听课。

5. 创设教研室自己的培训项目品牌

2009 年以来，浙江省教研室开展“新课程教材疑难问题解决培训”，后来演变为“某某课程教材疑难问题解决培训”，一年一次。这个培训与教师培训网络平台无关，属于浙江省教研室的品牌项目，以学科为单位，经费来源不一样，主要是出版社开发教材的经费，属于教材开发后的维护经费。在具体操作上，一个班一般 60 个人，最多扩大到 90 个人。课程改革项目，需要同时培训的，就按学科分班，精选培训内容、培训教师，被培训者对参与培训的教师可以提要求。

6. 开展全省中小学教育质量综合评价监测

浙江省从 2013 年起开始开展这项工作，形成年度全省中小学教育质量综合评价结果分析报告，并利用数据对学生课业负担、学生高认知能力、学生学习环境等相关指数进行深入挖掘分析，较好地引导了社会舆论对中小学全面质量的关注，有效促进区域和学校关注学生学习过程、学习成本以及综合素质的提升，改进日常教学、教学管理及评价。

三、上海市的做法和经验

（一）教师培训方面的做法和经验

1. 开展新农村教师专业发展培训

上海市较早关注了教师的专业发展和教师队伍素质的整体提升。为了促进全市教师队伍均衡发展，上海市教育委员会（以下简称“上海市教委”）2007 年启动了“上海市新农村教师专业发展培训项目”，直接面向上海市 10 个郊区县 6.2 万名农村学校教师的专业提升，并把其中 2.1 万名义务教育阶段中级及以下职称、教学存在困难的“短板教师”作为重点培训对象，以政府购买服务的方式盘活全市优势培训资源，特别是集中华东师范大学、上海师范大学和上海外国语大学的专业力量，专门为培训对象量身定制课程，历时三年，成效显著，影响广泛，堪称“后学历补偿时代”教师在职培训课程建设的典型范例。其主要做法如下：

第一，开发多元培训课程，促进课堂有效提升。上海三所大学共同确立了“以大学学科专家为主导，吸收新教材编写者和一线优秀教师共同参与”的课程建设方针，并且严格规定了三者之间的结构比例（即 1 ：2 ：2）。其中大学学科专家重点把握学科的特点和最新进展，新教材编写者重点负责对新教材编写意图及思想的解读，一线优秀教师主要对课程呈现的形式以及详略提出可行性的建议，打破了过去教师培训课程开发的“单边模式”，产生的是代表教师在职培训所有关系者集思广益的“团队效应”。

第二，完善培训项目评审标准，形成规范课程。上海市对组建了由学科专家、课程专家和教学专家参与的课程评审专家组对高校开发的培训课程予以评审和验收，以切实提高教育培训的质量。主要从三个方面着手：第一个方面是“基础准备工作”，主要审议课程开发团队在开发课程之前所做的有关培训对象的现状调研工作，看是否发现了突出的问题以及突出问题之所以存在的原因，严格遵循“先调查，后开发”的原则。第二个方面是“课程方案设计”，主要包括三个度：①总体目标，主要看是否体现了促进“新课程理念的准确把握和课堂实施能力的有效提升”的宗旨，是否合理地化解成为本学科的课程总体目标的表述。②板块结构，主要看各个板块的内容是否符合课程开发指南对课程板块边界的界定以及“学科知识经典与前沿”“课改背景下的学科新知识”“课改背景下的教学策略方法”之间的大致比例是否保持在 10% ：20% ~30% ：60% ~70%之间。

③板块内容，主要看“学科知识经典与前沿”板块的内容是否抓住了学科的核心理念以及学科发展的最新动态与趋势，同时还要看两者之间的比例协调；“课改背景下的学科新知识”板块的内容是否清晰对比了新旧教材的异同，以及是否正确梳理了新增内容中的重点与难点；“课改背景下的学科教学策略方法”板块的内容是否针对新教材涉及的内容现身说法地解析了行之有效的教学策略与方法，并且还要看是否对所提及的策略方法进行了科学的评价。第三个方面是“开发团队资质”，主要包括两个维度：一是学科组组长，主要看确定的学科组组长是否是该学科领域的有代表性的权威，是否熟悉新课程改革，是否熟悉一线教师的课堂教学实践；二是课程开发成员，主要看团队成员是否是该学科领域在研究或实践方面的骨干，是否熟悉新课程改革，是否熟悉一线教师的课堂教学实践。

第三，借助网络平台，远程辐射培训课程。为了保证所有参与培训的教师尤其是农村教师都能完成专业发展的培训，三所大学制作了网络课程，以远程学习的形式让部分教师完成既定的受训任务。为保证网络课程的建设到达预期的目的，上海市专门出台了《网络培训课程资源建设的基本要求》，其中对网页设计、制作都提出了一定的要求，以促进学习者灵活且有意义地学习。

2. 开展中小学教师全员培训

为加强中小学教师培训工作，完善教师培训体系建设，促进全体教师专业发展，上海市教委于2011年6月出台了《上海市“十二五”中小学、幼儿园教师培训工作实施意见（试行）》，依托全市教师教育资源联盟，充分发挥教学、教研、科研和培训对教师成长的综合效应，构建以“学分银行”为抓手的共享课程管理体系，形成市级规划指导、区县统筹落实、学校为实施主体的教师培训体系以及向全社会开放、形式多样、层次丰富的培训平台，进一步提升全体教师的教育境界、专业能力和综合素养。其主要措施如下：

第一，以提高教师专业水平为重点，开展以需求为导向的全员培训。有新教师岗前培训，在职教师岗位培训，骨干教师研修，班主任教师专题培训，紧缺学科教师、农村教师及幼儿园保教人员专项培训，特殊教育教师培训。

第二，以骨干教师培养为重点，打造基础教育高端人才队伍。以“名师名校长培养工程”和“优秀青年校长、教师培养工作”为抓手，形成市和区县联动效应，着力培养一批能够在全市素质教育中发挥引领作用，并能在全国产生一定影响的教育家型的校长和教师。

第三，以农村教师、薄弱学校教师为重点，提高郊区县师资水平。充分发挥全市优质资源和对口帮扶的作用，加强郊区县教师培训项目的统筹安排、培训指导、政策倾斜，促进教育均衡发展。

第四，以提升创新素养为重点，努力提高教师综合能力。加强对中小学、幼儿园教师创新素养和人文素养以及信息技术能力、财经知识、国际化意识等综合素质的培养。

第五，以教师培训者培养为重点，加强培训师资队伍建设。按照教师教育研训一体原则，市、区（县）加强教师培训者在实践研训活动的目的与内容、形式与组织、管理与实施、考核与评价等方面的研究与开发，提高实践体验课程的开发指导能力。按照专兼结合原则，遴选高水平专家与中小学优秀教师担任兼职教师，建立各学段学科教师培训项目专家库。

中小学、幼儿园教师培训内容注重教师专业素养和教育境界的提升，培训课程包括师德与素养、知识与技能、实践体验三大类别。师德与素养课程、知识与技能课程是以为教师提供间接经验为主要内容。实践体验课程是以促进教师积累直接经验为主要内容。培训方式主要有：以教师需求为导向，优化教师培训方式；以提高培训效能为重点，丰富教师培训模式；以提升学校教师职业精神与教育能力为目标，完善校本研修。

（二）教研方面的做法和经验

1988 年，受教育部（原国家教委）委托，经上海市政府批准，上海市中小学开始进行课程改革。课程改革经历了两个阶段：1988—1997 年，称为第一期工程；1998 年至今，称为第二期工程。为此，上海市政府专门成立了“上海市中小学课程改革委员会”作为课程改革的决策机构，该委员会办公室就挂在市教委教研室，实行“一套班子、两块牌子”。可见中小学课程改革既是教研工作的主要任务，也是教研工作的重要抓手。

第一期课程改革工程（以下简称一期课程改革）主要解决两个问题：一是将课程教材为应试教育服务改为课程教材为素质教育服务，将单一化的课程模式改为多元化的课程模式；二是既减轻过重的课业负担又提高教育质量，既加强基础又培养能力，既提高素质又发展个性。一期课程改革的理论依据是“三角形课程论”，以社会需要、学生发展、学科体系为三角形的顶点，以社会需要作为课程编制的出发点，以学生发展规律作为课程编制的认识论依据，以学科体系作为课程编制的逻辑依据。课程改革的具体思路是落实素质教育目标：首先制订培养目标，将素质教育落实在培养目标上；其次，将素质教育落实在课程结构和课程设置上；再次，将素质教育落实在课程标准上；最后，将素质教育落实在教材体系和教材内容上。

上海市一期课程改革能够健康顺利实施，主要抓了以下几个重要环节：一是加强领导、管理和宣传。各级行政领导和部门以及新闻单位对课程改革充分重视、配合，积极试验，以点带面，面向点靠，逐步推广，在课程改革过程中通过各种媒体对社会、家长进行宣传。二是重视师资培训、改革教学过程。集中培训与经常性培训相结合，课程教材培训与教师进修相结合，转变教育观念与知识更新、教学能力提高相结合。组建了上海市学科中心教研组、考试评价研究小组和学科教研基地，改革和研究教学过程。编写出版了各学科《教学目标与教学设计》教学系列参考书，以及各种课堂教学录像资料。三是加强课程实施保障。教学场地的改造，教学设备、教学手段的更新，学具的研究与开发，教学方法的改革和经费的投入，保证了课程的实施。四是考试评价的改革。文科开卷与闭卷考试结合，理科笔试与实验操作考试结合，英语笔试与听力考试结合；全面考核与个性特长认定相结合；还举办各种竞赛。此外，在个别学校积极试验学分制。

一期课程改革产生了初步效果：学生对社会接触多了，了解多了，增强了社会责任感和爱国主义精神，政治上积极要求进步；学生在学习能力、动手动口能力、选择专业的能力、组织活动的能力等方面有较大的提高；学生的个性特长得到较好的发展。上海的课程教材改革得到了原国家教委的充分肯定，也引起了国内外专家学者的赞赏和重视。

1998 年，恰逢世纪之交，科技迅速发展，社会的信息化、经济的全球化和知识经济已见端倪，创新精神与实践能力已成为影响民族生存与发展的基本因素，培养学生的创新精神和实践能力已成为教育落实振兴中华民族、科教兴国的一项重要任务。在这样的背景下，上海市启动了第二期课程改革工程。

第二期课程改革工程（以下简称“二期课程改革”）是第一期课程改革工程的继承和发展，主题是深入实施素质教育，使素质教育更体现新时代的要求。二期课程改革主要解决三大问题和处理好十大关系。三大问题是：如何更有利于加强德育？如何重点培养创新精神和实践能力？如何以信息化带动课程教材现代化？十大关系是：统一性和选择性，基础性与先进性，理论性与实践性，继承性与创新性，封闭性与开放性，科学精神与人文精神，分科知识与综合知识，外显知识与内隐知识，开发潜能与塑造人格，教育文化与技术文化。二期课程改革的指导思想：课改是一项多因素、多环节的系统工程，要综合、辩证地处理各种因素和各种环节之间的关系；课改是一项继承与发展的工程，要有突破性的重大改革来带动继承与发展，使课改有质的飞跃；课改是一项理念与操作变革的工程，没有理念的变革，操作的变革只能是简单的重复，没有操作的变革，理念的变革无法变为现实。

二期课程改革建立了“以学生发展为本”的新理念：重视全体学生的发展、学生的全面发展、学生的终身可持续发展；重视以学生为主体，主动、生动、活泼地发展；重视学生发展的一般规律，抓住学生发展的关键期；重视学生发展的差异性，尊重学生的个性，多给学生选择的机会，实施因材施教。二期课程改革建立了总学力观，总学力由“基础性学力”“发展性学力”和“创造性学力”三个层次的学力组合而成。基础性学力指基本学习能力，学习结构化的基础知识，主要培养学生爱学习的态度。发展性学力包括自学能力、生存能力、心理调控能力，学习发展性的基础知识，主要培养学生发展观。创造性学力包括创造性思维、实践能力、创造能力，学习问题性的知识，主要培养学生创新精神。

二期课程改革还建立了新的课程结构和课程形式。构建了一个以功能型课程为主干的多维度的课程结构：主干维度是功能型课程，第二维度是课程形式，第三维度是课程实施形态。功能型课程有基础型课程、拓展型课程和研究型课程。基础型课程主要侧重于对学生基础知识、基本能力、基本态度的培养，它的要求和内容是最基本、最基础的，至精至简，是每一个学生都必须努力学好的，打好终身受益的基础。拓展型课程主要侧重于拓展学生的知识、能力和态度，它的要求和内容具有广域性、层次性、选择性，每所学校、每个学生都有选择的机会，办出学校的特色，发展学生的个性特长。研究型课程主要侧重于培养学生的创新精神、实践能力和健全的人格，培养学生研究性学习方式，它的要求和内容是研究性、开放性、实践性，重在过程，重在培养，通过研究型课程的实施，去影响基础型课程、拓展型课程的学习方式和教学模式，使学生掌握有效的接受性学习方式、研究性学习方式等多种学习方式。课程形式有分科形式和综合形式，而且使它们统一在一个系统中，而不是像过去那样将分科形式和综合形式相互替代。课程实施形态有必修课、选修课、活动课。基础型课程基本上采取必修课。拓展型课程少数采取必修课、活动课，大部分采取选修课。研究型课程基本上采取活动课。

上海市除了继承一期课程改革在组织实施中的成功经验外，在二期课程改革过程中又有几点新的做法：第一，建立课程改革研究基地。这在一期课程改革时是试验基地，即等课程计划制订好、教材编写好再让学校去试验，二期课程改革将之改为研究基地，每个学段有 50 所学校，三个学段一共 150 所课改研究基地，参与课改的研究、实验。第二，成熟一门学科，推广一门学科。1999 年推出英语、信息科技教育，2000 年推出音乐、美术、劳技、自然、综合科学，2001 年推出体育、语文、地理等学科，2002 年其他学科全部推出。第三，宏观整体的改革与微观具体的改革同步互动进行。一期课程改革是先制订宏观的课程计划，再制订微观的课程标准，结果双方遇到的问题无法及时协调解决；二期课程改革是双方同步互动进行，双方发现问题，可以及时协调解决。第四，课程改革、教师培训、考试评价改革三步同步进行。教师培训是课改成功的关键，课程评价改革是课改的导向和调控。因此，在实施中推出一门新学科就及时地抓好教师培训和考试评价的改革。第五，开发、制作多种媒体教材。根据学科教材编写的需要，有的采取纸质媒体，有的采取电子媒体，使教材更好地体现学科的特点、内容的特点，更有利于学生的学习，培养学生的能力，提高教育质量。

为了持续推动基础教育课程改革发展，创新教研工作模式，做实教研，做强学科，打造一支高素质的学科教师队伍，营建一个良好的学科教育环境，促进学科教学质量不断提高、育人价值充分展现，形成学科教育的强势和特色，上海市教委教研室于 2010 年 11 月起组建了基础教育学科课程与教学研究基地（以下简称“学科基地”）。学科基地建设的指导思想是：从深化课程改革、全面实施素质教育的教改理念出发，规划学科基地的工作，以科学发展观为指导推进学科基地的内涵建设。通过市教研室与区（县）教研室合作，共建学科基地，更多地得到区（县）对市教研室工作的支持，进一步密切市教研室与基层学校的联系，创设教研员与教师互帮互学、共同发展的平台，提高教研员的课程指导力和教师的课程执行力；深化课程改革实践和学科教学研究，做好经验总结和科研攻关工作，提高课程实施水平和教学有效性；发挥学科基地的示范、引领作用，以点带面，服务全局，整体推进课程改革和素质教育。

学科基地已成为市教研室及学科教研员定点开展教研、教学、调研、指导、培训、服务等活动的重要途径。学科基地设在区（县）学校内，以该校的学科教研组（或多学科联合的综合教研组）为基本组织形式。学科基地的工作职责是：学科课程研究、学科教学研究、学习评价研究、教学资源开发、经验成果传播、教师专业发展。学科基地是市教研室推进学科建设的重要抓手，教研活动是学科基地提升品质的重要活动之一。学科基地不但要通过有效教研，在全市进一步发挥对本学科教育的引领作用；而且要做“实”教研，不断充实学科教育的内涵，提升学科课程整体建设和实施的水平。

为了更好地发挥教研系统在促进教育内涵发展中的研究、指导、服务职能，适应上海市教育事业未来发展的需要和新时期教育教学改革发展需求，上海市教研工作近几年正在努力实现转型：一是研究领域从单纯以学科课堂教学为主转变为学科“课程—教学—评价”整体性的教学研究；二是研究方法从基于经验转变为证据与经验相结合；三是研究路径从“自上而下”培训式路径转向“自上而下”与“自下而上”相结合的参与式路径；四是研究起点从“理论验证式”教学研究转向“问题导向式”教学研究；五是教研员角色从个人权威转变为“合作共同体”中的重要成员，由单纯的教学研究者转变为立德树人的引导者、基于标准的倡导者、课程发展的研究者、课堂教学的指导者、教学研究的示范者、专业发展的服务者。

四、重庆市的做法和经验

（一）教师培训方面的做法和经验

2010 年，教育部、财政部大规模启动了“中小学教师国家级培训计划”（以下简称“国培计划”）。作为城市与农村并存的直辖市，重庆市抓住“国培计划”

重大机遇，基于教师专业化发展需求，从2010年开始全面实施完善教师培训体系、把握教师真实需求、创新脱产研修模式、转型实践培训方式、健全自主参与机制、改进培训管理方式等六项改革，有效地促进了教师专业发展，主要做法如下。

1. 建立和完善教师培训体系

重庆市认真总结过去教师培训的经验，在“国培计划”项目实施背景下，系统思考，从顶层架构教师培训体系，进一步完善了四级互补的培训体系、“五子”递进的运行体系、教师成长的四层次目标体系、培训机构的联盟体系。四级培训体系即国家培训做示范、市级培训抓重点、区县培训保全员、校本培训重教研的培训层级管理体系。“五子”运行体系即“苗子—弟子—影子—种子—路子”递进的项目运行路径：各区县从农村学校精心选拔参训“苗子”；通过置换脱产、短期集中或网络远程等方式，各高校与培训机构精心培育“弟子”；各实践基地学校和指导教师潜心引领“影子”；经历专业发展的更新与升级过程，成为农村学校教育教学的示范“种子”；进而为统筹城乡教育探索新“路子”。教师成长四层次目标体系即市级骨干教师—学科教学名师—学科带头人—未来教育家四个层次，让广大教师通过培训评审选拔拾级而上，激活广大教师不断上进、终身学习的积极性。培训机构联盟体系即全市17个教师培训基地采取“高校+区县进修院校+教师培训基地学校”联盟的方式，高等院校充分发挥理念先导的作用，区县教师进修院校充分发挥教研指导的优势，基层教师培训基地学校充分发挥实践引导的效应，实现了三类机构的优化组合，为区域教师专业发展做出了贡献。

2. 按照教师真实需求规划教师培训

重庆市教委调整以往教师培训设计思路，自下而上，由基层学校和教师先报送培训需求，然后市教委进行区县的需求分类汇总，再根据国家级培训（以下简称“国培”）和市级培训（以下简称“市培”）的经费额度，优先考虑把教师需求最多、愿望最强烈的项目列入当年的教师培训规划中，按需分类组班，有效提高了项目的针对性和实效性。

3. 创新脱产研修模式

重庆市立足长远，基于培养农村“种子”教师，助推城乡教育统筹发展这一思路，大胆设计了一个学期或半年周期的脱产研修培训，在全国率先提出了理论研修、影子研修、实践研修和反思研修的“四阶段”划分的理论，并围绕课程理念、课程目标、课程结构、课程实施、课程评价等要素，参照教育部《国培计划课程标准（试行）》要求，形成了理论研修、影子研修、实践研修和反思研修的“四板块”置换脱产研修课程体系。理论研修依托高校围绕专业知识更新开展，重在拓宽教育视野；影子研修在基地学校围绕教学能力提升开展，重在观摩研讨示范；学员回到岗位围绕成果转化与推广开展实践研修，实践研修重在促进成果转化；学员重返高校组建学习共同体开展反思研修，反思研修实行任务驱动。这一模式有效促进了教育理论与教育行为的融合与贯通，实现了教师培训“低成本、高效益、可推广”的目标。近几年，重庆市为了提高置换脱产研修的有效性，进一步细化和深化了“四阶段”教师研修模式，成功推出了跨年安排间歇式、网络社区辅助式、交叉研修混合式和四五并进探究式等研修模式。

4. **转型实践培训方式**

重庆市在教师培训中，从学员的问题出发，立足课堂，突出实践，增强培训的实践性。一是集中研修阶段打破传统的被动听课模式，以学员的实践和体验为核心，创新课堂培训模式。二是影子研修注重“五带六步”方式，即“带问、带课、带研、带学、带资”和“听、观、问、议、思、做”。三是实践研修注重任务驱动方式，探索出“五个一”任务，即撰写一个课堂观察报告、打磨一份高水平教案、奉献一堂优质公开课、发表一篇高质量学术论文、组织一次教研活动，使得研修更富有实效。四是自主研修注重跟踪指导方式：组建研修团队，开展课题研究和其他学术活动；根据学员的不同情况，为其设置问题、主题、课题，以此提升学员自主研修的针对性和实效性；采用多种指导方式实时跟踪指导。

5. **建立健全自主参与机制和教师培训管理平台**

重庆市将国培和市培、区县培训、校本培训互通互联，市内外培训机构、高校和区县教师培训机构纵横贯通，形成了学习绩效互认、培训机构互通的机制，并建立健全学员遴选长效机制、教师培训奖补机制、学员激励约束机制等，有效地激发了学员的主动参与热情，保障了培训效果。重庆市教委建立了教师培训信息管理平台，对教师基本信息、培训项目、继续教育学分等进行科学管理，强化了教师培训的过程性管理，基本实现了培训的简化和优化。

（二）教研方面的做法和经验

重庆市教研工作坚持“深度转型、改革创新、完善功能、优质服务”的发展思路，通过一系列工作措施，推进教研工作的转型发展与质量提升。

1. **抓教研制度完善，引领教研机构规范发展**

一是积极推进内部管理制度建设。按照上级要求并结合实际，制定了一系列规章制度，严格规范了干部职工的教科研行为，树立了教科研机构的新形象。二是统筹规划全市教研机构发展。出台了《关于加强区县教研机构建设的意见》《加强区县教育科研工作提升教育质量的指导意见》和《关于加强教学工作管理深化基础教育课程改革的意见》，引领教科研机构做好区域教育服务和指导工作。

2. 抓教研网络体系健全，促进教研工作质量提升

一是纵向建立三级工作体系。加强市、区县、学校三个层面教科研机构建设。教研工作“三个转移”：重心下移、中心转移、阵地前移。落实“三环节”：准备教研、开展教研、反思教研。组织教研员深入学校解剖“麻雀”，开展面对面指导。二是侧向建构多元合作网络，与有关高校、教研机构、社会团体等密切合作，增强教研巴渝特色，提升教研科研质量。三是横向畅通省市交流渠道，与多个兄弟省市开展交流考察学习活动。

3. 抓教研队伍建设，提升教研员整体素质

一是从 3 个维度（专业理解、专业知识、专业能力）、10 个领域（职业认识、教研态度与行为、个人修养和行为、教学研究知识、学科知识、教师专业发展知识、通识性知识、研究、指导和服务等）制定中小学教研员专业标准，建立教研员准入制度和定期考核淘汰制度。二是着力提升教研员素养，加大教研员高端培训力度。

4. 抓教研方式转变，推进基础教育质量提升

一是以项目带动推进区域综合教研。如重庆市教科院 2014 年以“联合国儿童基金会”项目为依托，在忠县实施“教师教学方式变革促进农村地区小学生学习能力发展”项目，取得明显成效，提升了全县教育教学质量。二是以教师工作坊促进教师集体研修。有主题学习工作坊，以专业理念与师德修养为主要内容，以集中学习和教师反思为主要形式，转变教师传统理念，提高教育基本理论素养，强化教师角色意识；有共同参与工作坊，以学科教学专题和学校特色发展为主要内容，以课例研修、学员论坛、议课为载体，以共同备课、同课异构、坊主引领为主要形式，丰富教师专业知识，提高教师教学技能；有特色成长工作坊，以教师教学风格和学校教学方式创新为主要内容，突出教师、学校特色发展，推动教师自我成长。三是以“名师送教”引领农村教师成长。针对贫困山区、偏远山区、三峡库区及民族地区开展“名师送教”活动，有同课异构、随堂点评跟进、学科讲座等方式，受到一线教师热烈欢迎。

5. 抓教育热点研究，服务教育改革发展大局

一是扎实开展基础教育课改调研。如每年组织一次普通高中新课实验情况专项调研，形成一个调研总报告和 9 个高考学科分报告；开展普通高中新课程改革专项调研、学业水平考试研究和新高考与高中教学适应性研究，形成相关研究报告；组织开展体育、美育学科的专项调研，形成体育、音乐学科教学的学术研究报告；分学科立项，开展普通高中新课程实验 15 项专项课题研究等。二是务实开展教育决策研究。如开展基础教育质量观现状调研，普通高中教育事业发展和经费投入需求专题调研，基础教育满意度调研，城乡教育一体化省级比较研究，学前教育和义务教育分区县、分功能区布局研究，为教育主管部门做出决策提供依据。

参考文献

[1] 徐夏，陈兆兰．以机制创新为保障，促进培训质量提升：江苏省中小学教师培训质量评价［J］．继续教育研究，2013（10）．

[2] 江苏省中小学教学研究室．以“教学新时空”创建惠及每一位教师的教研［R］．2015年全国教研工作会议经验交流材料，2015．

[3] 江苏省教育厅江苏省财政厅关于启动普通高中课程基地建设的通知（苏教基〔2011〕27号）［Z］．

[4] 夏雷震．依托课程基地建设，促进教师专业成长［J］．基础教育课程，2017（15）．

[5] 浙江省教育厅关于印发《浙江省中小学教师专业发展培训若干规定（试行）》的通知（浙教师〔2010〕175号）［Z］．

[6] 李更生．“理想培训团队”：走向专业化的培训者培训［J］．中小学管理，2010（2）．

[7] 浙江省教育厅办公室关于进一步加强中小学教师培训质量管理工作的通知（浙教师〔2014〕14号）［Z］．

[8] 浙江省教师教育质量监控中心．关于印发《浙江省中小学教师培训质量管理规程（试行）》的通知（浙师质监〔2014〕4号［Z］．

[9] 缪水娟，钱万军．寻找适合学生的教育：浙江省深化高中课改七大新举措［J］．人民教育，2014（11）．

[10] 林静，缪水娟．以返璞归真的教研推进浙江基础教育改革：浙江省教研工作专题访谈［J］．中国教师，2013（15）．

[11] 浙江省教育厅教研室关于组织2016年教学研究评比和征集活动的通知（浙教研室〔2016〕2号）［Z］．

[12] 浙江省教育厅教研室．农村小班化教育改革：浙江教研的新聚焦［R］．2015年全国教研工作会议经验交流材料，2015．

[13] 上海市教育委员会关于印发《上海市“十二五”中小学、幼儿园教师培训工作实施意见（试行）》的通知（沪教委人〔2011〕35号）［Z］．

[14] 孙元清．上海市中小学课程改革的进程、问题和解决方法［EB/OL］．（2003-12-18）［2016-09-28］．http://www.xhedu.sh.cn/cms/．

[15] 上海市教育委员会．国家教育体制改革试点项目汇报会材料汇编［G］．2012，3．

[16] 陆伯鸿．做“实”教研，做“强”学科：上海市基础教育学科课程与教学研究基地的实践探索［J］．上海教育科研，2013（8）．

[17] 徐淀芳．探索基于证据和合作共同体的教研机制［J］．人民教育，2016（8）．

[18] 田伟，李源田，陈昌发．基于专业化的教师培训综合改革［J］．中小学教师培训，2014（3）．

[19] 李源田，王正青．“四阶段”教师培训模式设计与实践：以重庆市组织实施“国培计划”为例［J］．中国教育学刊，2012（1）．

[20] 陈昌发．“国培计划”置换脱产研修有效课程模式探索：重庆市“国培计划”置换脱产研修的实践与创新［J］．中国教育学刊，2014（10）．

[21] 重庆市教育科学研究院．深度转型　改革创新　完善功能　优质服务［R］．2015年全国教研工作会议经验交流材料，2015．

第三章　国际中小学教师专业发展的启示

他山之石，可以攻玉。学习和了解国际上中小学教师在职培训的做法，对于广东省开展中小学教师专业发展很有启发和借鉴意义。欧美发达国家如美国、英国等，亚洲国家如日本、韩国、新加坡等的教师教育起步较早，体系较为成熟，且取得了一定的成就，值得我们学习借鉴。

一、世界主要国家中小学教师专业发展概述

（一）美国中小学教师专业发展

美国中小学教师培养目标多元，旨在通过培训使教师真正成为教育专业的学者，成为能够运用深厚的知识储备与人生经验为学生的学习生活做出良好判断的决策者，成为言行举止、思想品德都可以引领学生的示范者。全美专业教学标准委员会（National Board for Professional Teaching Standards，NBPTS）制定了优秀教师专业发展标准，对申请参与该标准评估的教师进行全国性的评估，对达到标准者授予“国家委员会资格证书”，获得此证书能给教师带来荣誉和同行的认可，教师还可获得薪酬聘任等优势。优秀教师的高标准在教师的在职培训中发挥了极其重要的导向作用，使更多教师为达到该标准而主动进修学习，有效地促进了教师的专业发展。

1. 中小学教师发展的制度保障

（1）美国教师资格证书有效期制度。为了保障教师质量，美国出台了教师资格证书有效期制度，将教师资格证书分为临时、短期、长期三种。教师资格证书有效期为临时或短期的教师必须在证书期满之前参加专门培训，通过修够一定数量的学分，换取新的教师许可证后才能继续任教。拥有长期教师资格证书的教师，到5年任期期满换证时，也要考察5年间是否有参加在职培训的记录，以此来认定教师资格和颁发新资格证书。美国中小学教师要想提高教师资格证书等级

或继续任教，就必须参加在职培训。

（2）教师学历提升与薪酬待遇挂钩制度。为了促进教师专业进修与学历提升，美国出台了《教师进修与获得学位、增加工资相结合的制度》。因此，美国中小学教师工资标准是按学士、硕士、博士学历来评定的，拥有学士学位的教师只要坚持在职培训，通过修够一定的学分就能取得硕士、博士学位，工资也会随之提高。有些学校甚至会为参与在职培训的教师偿还部分或全部的大学学费贷款。教师只有不断地通过进修、提升学历，才能获得教师资格和提高薪资待遇。

2. 教师专业发展机构多元化

在美国，教师在职培训由各州教育委员会和地方学区学校委员会负责实施，培训机构有高等院校、学区教培中心、教师专业培训机构以及教师所在的中小学等。美国有80%的高校承担了中小学教师的进修任务。美国教师教育中心为学区管理，现在约有5 000所，是一种介于教育行政机关和中小学之间的在职教师培训机构，其通过聘请大学教师、研究人员、工程技术人员和退休老教师及在职优秀教师到学校或教师教育中心，对本学区的教师分批进行指导或提供咨询，他们也研究中小学课程变化和社会对教育教学改革的要求。最近30年来，美国以中小学为基地成立教师专业发展学校，通过大学与中小学合作，形成融职前教师培养、在职教师培训和学校改革为一体的教师教育新模式，帮助中小学教师掌握新的教学技能。“全美教师协会”与“美国教师联盟”等常利用专业团体的平台，以研讨会、工作坊等形式围绕教育教学实践中的问题，通过课题研究的方式促进教师专业发展。教师“暑期学校”也是从事教师在职教育的培训机构。美国通过网络对教师进行在职培训与教育，例如大学导师在线课程。美国的一些名校也通过网络为教师开设课程。

3 教师培训课程内容和形式多样化

对于小学教师培训来说，文理知识、教育理论基本知识及各种教学方法是主要课程。对中学教师培训来说，重点培养教师能够善于思考、具有合作意识、发展创新能力及掌握适当的教学方法，成为学者型教师。为实现文理渗透，开设了“文理核心课程”，例如社会科学类、科学技术类、健康教育类和体育类等课程，占总课时的40%，并凸显普通教育课程内容。美国教师教育课程形成了由通识教育课程、学科专业课程、教育专业课程、实践课程和游学课程组成的结构体系。通识教育课程包含自然科学、社会科学、人文科学方面的内容；教育专业课程主要包括教育学、心理学、学科教学法以及与学生沟通技巧、提高教学水平有关的课程；学科专业课程主要为教师任教的专业学科课程；实践课程，通过教学观摩评比等实现教师师德、文化知识、科学理论、教育理论、教育技能的综合运用，是对教师教育教学能力的实践检验；游学是5～10人一组，参加为期一周以上的游学课程，进行实地考察和课外活动，以此给教师提供良好的交流机会，考察各地中小学教师在职培训中的先进做法，开阔教师视野，更新教师教学观念和知识储备。

美国中小学教师在职培训形式也比较多样化，既有师资培训日、必修课程、攻读学位、暑期学校、讲习班、研讨会等，也有采用集体辅导研讨会、教学演示、学科研究、交换教师及电视、网络教学等培训方式对教师进行培训。

4. 校本培训成为教师专业发展的重要形式

近20年来，美国中小学逐渐成为教师在职培训的主体，这种校本培训主要由中小学校、地方教育当局、大学与教师教育中心三方共同规划实施。美国中小学教师专业发展学校（Professional Development School，PDS）最为典型，它以中小学为基地，以社区和学区为背景，融入教师职前培养、在职培训和学校改革为一体的教师专业发展学校，一般由大学的教育学院与附近多所大学建立合作关系，为教师提供实践训练，最终达到改善职前教师培养的水平，鼓励在职教师的专业发展，促进中小学的改革与发展。目前PDS在美国已超过600所，它打破了中小学与大学之间长期的隔阂，提供了教育理论与实践对话的平台，不仅为师范生提供了入职前的充分准备，也为大学教授、中小学教师、地方教育行政管理人员和学校领导开展深入研究提供了机会。

（二）英国中小学教师专业发展

为提高中小学教师素质、促进教师专业发展，英国政府几乎每隔一两年都会出台一项具有法律效力的教育法规，旨在通过建立连续的政策法规，以法律的形式来推进教师准入标准、完善教师资格认证、建立教师培训制度、保障教师培训权利，从而促进教师的专业发展。

1. 法律为教师培训提供了保障

英国政府在1987年《教师工资待遇法》中规定，教师每年有5天的专业发展日，专门用于参加校本培训；教师连续工作5～7年可享受一次不少于一个学期的带薪休假学习；没有进修就没有升薪机会。1999年以后获得教师资格证书的新教师必须完成3个学期的入职培训，之后才能在公立或私立学校任教，否则没有任教资格。

2. 教师在职培训管理机构和培训机构

英国建立了完整的教师在职培训机构，按照分工可分为管理机构和培训机构两类。管理机构有中央教师培训管理局和地方教育当局，另有英国教育标准办公室对接受教师培训管理局拨款的培训机构进行视察，教学总理事会协调规范整个教学专业。

在职培训机构主要有四种：第一种是高等院校，如伦敦大学教育学院常年为教师开设形式灵活、涉及面广的短期培训课程，大学教授亲临中小学教学第一线，帮助在职教师开展培训。第二种是地方教育当局主办的“教师中心”培训，对中小学教师的专业发展起到很大的指导作用，如规划教师专业发展的方向、制定教师专业标准、规划教师的职后培训、组织教师进行课程开发、举办学术活动等。第三种是中小学校的校本培训，其大多安排在周一或周五，学生放假，教师在校培训，培训的内容由校长或专业指导教师根据本校的实际需要来选择合适的内容，培训的主讲者来自大学或培训机构的专家和教授。第四种是其他非教育部门，这些机构多采取学分制，教师可根据工作、生活的情况选择适合的时间段参与培训，只要修满规定的学分即可获得证书。

3. 英国教师专业发展创新——校本培训

由于高校主导的教师教育培养模式使得中小学教师在培养过程中处于弱势地位，教师培训的获得感有限，于是，英国在1992年开始推出校本培训。英国谢费尔德大学教育学院提出以中小学为基地，地方教育当局、高校等师资培训机构与学校密切合作实施的“六阶段培训模式”，在培训上，以中小学为培训地点，培训内容根据在学校教育教学中碰到的问题，与同行乃至大学教师合作研究，探求解决问题的办法。这种以中小学为基地的教师培养模式，使中小学与大学培养机构之间建立了平等的伙伴关系。校本培训课程内容有理论培训、技能培训、所教学科的知识与运用、学校与班级管理、与学生的交往、对学生的评价、校本课程开发、教学新技术的运用等。各地的教师中心和大学也会在每学期组织校际校本培训活动的交流。这种校本培训较好地弥补了高校培训和教师职业学校培训等模式的不足，满足了中小学教师的专业发展需要。

4. “卓越教师计划”培训项目

进入21世纪，英国开始不断推出中小学卓越教师培养计划。2004年实施的“卓越教师计划”已发展成为比较成熟的英国教师培训模式，该项目有明确的培训目标、较高的参与资格、严密的实施环节和科学的评价方式。每年接受培训的教师都有1 300多人，大部分教师都能达到卓越教师的任职资格。2009年英国教育白皮书《你的孩子，你的学校，我们的未来：建立21世纪的学校体系》指出，国家将继续加大投入，招募最优秀的毕业生到学校任教，并为教师专业发展提供优质服务。2011年英国教育部发布《培训下一代卓越教师》计划书，对职前教师教育进行改革，主要内容为提高职前教师教育资源质量、有效的投资，以培养更好的教师、改革培训的内容与形式等。这些都有力地促进了中小学教师整体素质的提升和专业发展水平。

（三）法国中小学教师专业发展

法国中小学教师专业发展秉持这样的理念：一是要不断提高教师教学与教育质量，适应社会环境的变化及其对教师的新要求；二是完善教师的人格，因为健全的人格本身即是无形的力量，也是教师不断补充新知识、做好本职工作的精神因素。为此，他们在法律制度、培训机构、支持资金等方面为教师的专业发展提供保障。

1. 教师专业发展的制度保障

法国《教育方针法》明确规定教师接受继续教育的权利，认为在职培训是教师在职活动的必要部分，至少应占工作时间的10%。同时也规范了大学与中小学教师培训工作的联系，大学师范学院是中小学教师在职培训工作的重要的组织者与实施者，对法国中小学教师继续教育发挥积极作用。法国《继续教育组织法》规定，每个教师每年有权享受学习进修假2周，教师职业生涯总计有带薪学习进修假期2年。法国教师参加脱产式进修，初等学校短期进修教师的工作由实习生代为完成，参加较长时间进修教师的工作，由专门招聘的代课教师负责。对于新教师培训，法国也有初任者研修制度规定，各大学区总长负责新任教师在被正式录用后的第一年要有3周以上、第二年要有2周以上的研修，充分利用“教师培养大学部”、大学、督学机构等优秀人才群体的优势，重视与主要承担候补教师研修的现行教师培训学院合作。在经费方面，法国政府也有制度保障，政府投入大、渠道多、资金充裕，教师继续教育预算经费占全国普通教育经费的六分之一。

2. 教师培训机构与培训内容

法国教师培训机构是“教师培养大学部”，统一负责对初、中等学校教师的在职教育，是法国在职教师培训体系的重要机构。它一方面作为参与者承担国家级培训工作，另一方面作为管理者管理和指导各分院开展省级培训。它也作为主办者，紧密结合中小学教育教学实际开展培训。

培训内容涉及面广，主要包括学科适应与能力、教育教学的理论与方法、教师的人格与精神三大方面。在层次上划分为为专业知识欠缺教师进行的基础性学科培训、为教师进行的专业知识补充性达标培训、为教师达到一定学历或学位进行的培训、应对教育改革或教学变化进行的集体培训、为使新教师尽快熟悉教育工作掌握教学技巧的培训等，教师可根据自己的需求选择培训的形式和内容。

3. 教师培训类型多样化

法国中小学教师在职培训采取省、学区、国家三级管理的模式。小学教师在职培训由省负责管理，中学教师在职培训由学区负责管理（法国的学区比省份大），专业性较强、培训量较大的培训由国家组织。中小学教师在职培训分为长期、中期、短期三种类型。长期培训通常有综合培训班、改换专业的培训班、改变领域的培训班、新技术培训班等，时间为4～12个月，教学工作由学院教师和聘请的资深教师担任。中期培训主要是专业性较强的专题培训，时间为1～2个月，专题内容较为广泛，有教育理论培训、学科知识更新培训、学科教学法培训、教学能力培训、技术教育培训、特殊儿童教育培训、落后地区教育培训等。短期培训根据学区内中小学教师的实际需要开展，时间为1个月以内，培训内容广泛而具体，如学生代表的作用、移民子女的融入、学校工作计划等。各种培训基本是教师自愿参加，但在中小学教学内容发生变化时，所有教师都必须参加培训，这种培训是由国家组织的强制性培训，培训经费由中央政府拨付，教师免费参加。

4. 教师培训考核严格，效果显著

通过激励机制调动教师参与在职教师培训效果比较显著。在法国，无论是对教师进行日常工作考核还是晋升考察都要依靠教师获得的教学评分，中小学日常工作的考核由学区视察员评判，晋升考察的评分则是由学区督察来评判的。对于考核评分达到同级最高点的教师，可以在工资水平上实现跳升一级。教师晋升唯一的依据是负责本学区的国民教育督学给予的教学评分。以教学评分为依据的法国中小学教师的考核和晋升制度，考察的不仅是反映教师综合能力的教学效果，更是通过对综合能力的考核实现对教师在职培训效果的考察。

（四）澳大利亚中小学教师专业发展

1. 新教师上岗培训

针对新手教师，澳大利亚有完善的培训机制，主要有校外培训、校内培训和书面材料学习等。校外培训包括上岗前会议，即有关部门在新教师上岗前举行的会议，时间为3～15天；第一学年会议，也就是地方教育当局在新教师上岗后第一年举行的会议，时间3天；对新教师的教学工作进行评估，以帮助新教师克服教学上的不足，提高教学水平；制定倾斜政策，主要是减轻新教师工作量和为新教师提供观摩邻近学校教学的机会。校内培训包括开学前举行座谈会；参观学校，帮助新教师上岗前做好准备工作；举行每周1次的讨论会，内容涉及课堂的管理、板书艺术、提问设计、后进生原因分析等；建立学习制度，旁听优秀教师上课，并且辅助以其他活动，主要是指导新教师参与相关地区教师协会、学科中心及师范院校组织的活动。

除了校内外的培训之外，澳大利亚还通过书面材料开展培训，通过派发给新教师有关学校信息的小册子，帮助新教师初步了解学校的办学宗旨、管理方式、课程设置、行政规程等信息，携带方便的专门手册便于教师随时查阅学习。

2. 优秀教师计划

除了新教师培训，澳大利亚1999年推出了《21世纪教师》计划项目，又称“澳大利亚政府优秀教师计划”，由国家计划、州和地区的计划、对教师专业水准和学校领导水平的鉴定三部分组成。主要的目标群体是有10年或10年以上教学经验的教师、离开教学岗位一段时间后又重返讲台的教师、临聘的教师、土著学生的教师、农村和边远地区和城市贫穷地区的教师，促进教师专业技能和专业知识的更新。该计划于2000年启动，在澳大利亚政府优秀教师计划指导思想的指导下，各州分别制定了详尽的年度发展计划，并加强与教育研究机构和其他教育组织以及当地大学的合作，组建专家团队监测和评价项目的开展，并于年终提交总结性报告。该计划项目的具体开展由政府部门、独立部门、天主教部门以及其他教育组织共同承担，各部门不仅在自身所管辖的学校范围内实施政府优秀教师计划项目，同时加强合作，开发跨部门项目，共同致力于教师质量的提升。该计划所需的资金由澳大利亚联邦政府提供，这一项目为澳大利亚优秀教师的培养和教师专业化水平的提高发挥了重要影响。

（五）北欧国家中小学教师专业发展

芬兰、瑞典、挪威北欧三国中小学教师的培训体系完备、目标明确、措施落实良好，中小学教师学位高、知识面宽、知识结构较为合理，教育创新能力强、综合素质好。各国的教育主管部门、社区、学校均鼓励教师积极开展自主学习和研究，免费为教师提供在职或脱产学习机会。

1. 大力推动教师专业发展

芬兰把教师分为包班教师和学科教师两类，前者主要负责小学1～6年级教学，后者主要负责7～12年级的教学。为了加强教师专业发展，芬兰教育部出台了《教师教育发展计划》，要求基础教育教师每年都要进行义务性的在职培训。

挪威政府为提高教师专业发展水平，2006年开展了“知识振兴”的学校改革，并颁布了《知识振兴的国家课程》作为挪威中小学教学工作的指导性文件。与此相配套，挪威教育科研部拨出大量资金，为教师提供了大量的培训机会，同时也为教师的持续专业发展制定了培训计划。此外，挪威政府通过了有关促进和保障高胜任力教师作为学校领导者的程序。

瑞典规定，在职教师每年必须接受104小时的专业培训，约占教师工作时间的6%。教师培训由国家和各市政府共同负责，国家教育局确保在全国提供教师培训的课程，而地方机构则保证教师能有适当的培训机会。瑞典政府于2007年发起“强师”计划，持续到2011年，通过大量的基金资助方式鼓励教师返回大学课堂进行师范类研究生课程学习，增强他们的学科知识和教学能力。教师在大学学习期间，政府承担全部学费及教师80%的工资，约四分之一的教师接受了培训。为了适应信息化社会给教育带来的挑战，瑞典还对全国的中小学教师实施信息技术培训，提高教师的整体素质与现代化素质。

2. 充分发挥教师培训机构作用

芬兰开展教师继续教育的机构有开放大学、暑期大学、普通大学的继续教育中心和国家教育专业发展中心四大类。目前，芬兰有开放大学15所，开放大学的培训主要提供常识性知识的基础教育，不考虑学员的年龄和教育背景，以达到促进教育和区域公平为宗旨。芬兰有 21 所暑期大学，暑期大学是一种区域组织，在 133 个地区为教师提供支持。普通大学的继续教育中心主要是为教师提供在线的网络培训课程和一些长期培训课程。国家教育专业发展中心是教师在职培训的最大教育机构，培训主要包括在职教育课程、国家和国际教育发展项目以及有关教育领域中的问题研究。

挪威教育科研部与教育工会及其他组织机构建立了合作伙伴关系，高校建了约 2 000 个全日制学习场所，供教师进行全日制学习或业余学习。瑞典在职教师的培训一般由大学和大学学院具体承担，培训时间为 1～20 周。

3. 培训项目多元化、培训内容标准化

芬兰为教师设立的在职培训项目有：①长期在职培训计划，一般有三个递进的层次设计，第一层次是丰富教师学科知识，第二层次是践行实验教学法，第三层次是构建教师个体教学理念，培训采取面授、远程和个人反思相结合的形式进行。②认定学分培训项目，由大学、高职院校和其他教育组织负责，侧重于教师学科领域或热点问题、教学研究、教育特殊领域以及学校管理等方面的在职培训，其认定学分为 5 分。③非认定培训项目，是教师的自我激励培训和 3 天的在职培训，主要关注教师学科领域或热点问题的培训，基本为面授培训。

挪威政府期望通过统一的培养标准确保教师专业化水平，教师专业标准具体体现在教师的五大核心能力上：①专业能力，即熟悉基础学科的内容、理论和学习方法，了解学生心理、学生教育理论和教学方法。②教学能力，即分析课程和反思教学的能力，促进所有学生的学习和发展。③社交能力，即能够观察、倾听、理解并尊重他人的言行，与同事、学生及其家长或监护人合作的能力以及领导学习共同体的能力。④适应和发展能力，即评估自身和学校活动的能力，促进教学专业的发展，参与当地的教学发展工作，提升自我的能力。⑤职业道德能力，即洞察职业道德面临的挑战并明确自己的态度，能够根据基本的教育价值观评价自己的学习状况。这五项能力的培养将融合在整个课程的实施与学习的过程中。

同行小组研修是瑞典中小学教师专业发展的一个重要途径。瑞典中小学教师作为教育专家，具有较高的自主权，大到国家课程标准、学业评价标准，小到国家课程标准在学校的具体实施，都需要教师合作研讨，提出意见与建议，不同层次的研讨促进了教师专业发展。

4. 注重新手教师的培训

为了加强新手教师培训效果，芬兰推出了以学校为实施单位，针对青年教师的，由管理者、教育专家、资深教师、青年教师共同参与的为期一年的“合作行动计划”。该计划主要包括一位管理者（校长）、一位来自高校的研究者、若干新手教师和资深的指导教师，他们共同负责课程的设计、执行、评价。计划分为四个阶段：第一阶段和最后阶段为理论学习，第二和第三阶段为实践学习。芬兰教师学习已经从传统的课堂讲授转向工作坊、交流互动、共同学习研讨等方式。

2003 年起，挪威教师职前教育的发展得到了国家资助，政府启动的“指导新教师”就是其中一项国家发展项目，该项目主要资助各级各类学校的所有新教师。所有新任教师在第一年的教学实践中会得到导师的指导，同城有经验的教师以及在大学和学院教授教师教育课程的教师也兼任导师。该项目实施成效显著，教育科研部呼吁所有新任教师都通过已建立的计划获得指导。

（六）日本中小学教师专业发展

二战后，随着日本经济的快速发展，日本中小学教师教育迅猛发展，尤其是教师在职培训方面，取得了令人瞩目的成就。

1. 中小学教师专业发展的法律保障

1949 年日本《教育公务员特例法》将“研修”条目纳入法律条款之中，为教师参加在职培训提供制度上的保障。日本修订《教育公务员特例法》时，将初任者研修设定为法定研修，初任者研修的目的是培养初任教师的实践性指导力和使命感，并使之获得广阔的见识。根据规定，初任教师一方面要承担班主任和学科教学工作，一方面要在学校内每周接受 2 天、每年 60 天，以指导教师提供的建议为主要形式的研修，同时还要去校外的教育中心等机构接受每周 1 天、每年 30 天的研修，作为校外研修的最后一环，初任教师还需要接受 4 晚 5 天的集中住宿研修。

从 2003 年开始，10 年教龄者研修成为法定研修。10 年教龄者研修的一个重要特点是，它根据每个教师的能力、适应性开展有针对性的研修。研修时间一般为 20 天左右，主要由资深教师、指导干事、校长、教导主任或教务主任授课。研修方法有模拟授课、教材研究、案例研究、研讨性教授和教材研究等。2007 年，“创设教师教育研究生院”的建议得到采纳，到 2010 年共有 25 所大学设立教师教育研究生院，该研究生院的培养目标是：培养能够适应社会的变化，解决学校教育现阶段的各种问题，具有高度专业水平和丰富人性的教师。

2. 从中央到地方完善的教师培训制度

国家层面的文部省，为了加强对青年教师的培养，建立了国立教育研究院和教育大学，专门对在职教师进行教育学类硕士研究生课程研修。作为地方一级，日本的都道府县都成立教育中心和教育事务所等机构，专门从事教师的短期培训工作。这一层次的教育中心和教育事务所无论是教学、研究，还是实验、生活的设备都比较完善，为教师的短期培训发挥了很大的作用。市町村成立教育中心，主要面向市辖区所属小学和初中教师进行短期的在职培训。教师所在学校成立以校长为首的“教育研修指导委员会”，专门负责新任教师和青年教师的教学和指导学生等实践活动。

日本政府在《关于教育公共服务部门的特别规定》中，要求教师在职业生活中不断参加在职培训；国家、市立和县立的学校都要开展形式多样和系统的在职培训活动。普通教师需要参加市立和县立教育委员会组织的在职培训课程，该培训活动由校长、副校长及同级别的辅导教师负责；校长、副校长及同级别的辅导教师需要参加国家级的培训活动。政府每年会派出 5 000 名教师赴国外学习，以扩展他们的国际视野，增进对自身职业发展趋势的了解。

3. 日本教师在职培训类型多样化

（1）教师的行政研修、校内研修和自我研修。这是三种比较常用的研修类型。其中，行政研修是指都道府县教育委员会下属的教育研修中心所实施的研修，一般根据教师任教年限不同分为新教师研修和 5 年、10 年、20 年教龄者研修，根据任职层次结构的不同分为校长研修、教头研修（相当于副校长）、学生指导主任研修、教研员研修等。校内研修是指以教师所在学校为主要研修基地，研修不离岗，日常工作与进修相互结合、相互促进。校内研修一般以课堂教学和专家讲座为主，前者通常采用设计听课计划、校内公开课、研讨会、确认改进提高的目标点等流程。自我研修是一种包括教师个人、大团体、小团体的自主研修体系。

（2）新任教师培训与海上研修。日本所有的新任教师都必须经历为期一年的实习期。在此期间，每位新教师都有一位指导教师指导，新教师接受指导教师的面授指导不得少于 70 天，每周 2 天。指导教师采取的指导形式主要有视察新任教师工作并予以指导、让新任教师听课观摩、亲自示范讲课、指导新教师试讲、操作检查指导等。培训的主要内容有如何进行学习指导、教材分析研究、制订教学计划和教学方法、学生指导和家庭访谈、班级管理、明确讲课时应该注意的问题、学校的现状和存在的问题以及如何进行道德教育、健康安全指导、午餐指导等。新任教师到教育中心进行培训的时间不得少于 35 天，其形式主要是“讲义”和“演习”。

新任教师的海上研修是由文部省或地方教育委员会组织的为期 10～14 天的国内水路航线旅行学习活动。海上研修内容分为船上的活动，有讲课、分班讨论和娱乐活动等，以及下船进行考察访问活动。新教师通过考察和交流，加深对教育事业和国情的了解，增强其教师身份认同感。

（七）韩国中小学教师专业发展

在韩国，中小学教师分为一级教师、二级教师、助教、专业学生顾问、图书馆管理员、培训教师和保育教师等。韩国的教师在职培训又称教员研修。

1. **韩国教师研修制度保障**

韩国《教育公务员法》规定了从事教育的教师公务员的职务和责任的特殊性，明确了教师的相关资格待遇、研修和身份保障等。《有关教员研修的规定》对研修机关的种类及设置、研修对象、研修课程、研修时间和研究经费等做了明确规定，从教师待遇、经费补助等方面鼓励教师参加研修。韩国教师在职教育政策是从提高教师的工资待遇、社会地位，改善教师的工作环境，促进教师专业化发展等层面来制定的，鼓励教师进行自由研修。

2. **韩国教师研修机构**

《教育公务员研修机关设置令》规定，各级学校教师都要在研修院接受有关教育理论和方法等的教育，校长、校监、奖学官、奖学士、教育监等都要在教育行政研修院接受有关教育行政理论和技术的教育。目前韩国教员研修机构有教育研修院、教育行政研修院、综合教育研修院、远程教育研修院。这些研修机构可以细分为中小学教员研修院、市道教员研修院、首尔大学附设教育行政研修院、韩国教员大学综合教员研修院、教育人力资源研修院以及各地方教员研修院，还有教育部、各省教育厅指定的研修院等。所有教师在职培训机构须由教育与人力资源部颁发许可证，特殊领域的培训机构是由首都或者省级教育监察机构发起的，并在一些特殊领域给教师提供培训。

3. **韩国教师培训类型**

（1）资格证书研修。韩国中小学教师要由低一级资格向上一级资格迈进，必须考取上一级资格证书才有机会晋升上一级的职称。教师要获得职称的提升，必须具备相应的资格证书，也就必须参加相应的资格证书培训（研修）。资格证书培训在韩国的教师在职培训中占有十分重要的地位。资格证书培训可具体划分为：一级资格证书培训、二级资格证书培训、副校长资格证书培训、校长资格证书培训、图书馆管理员和职业辅导员资格证书培训等。通过各类培训，受训学员能够获得权威性的培训资格证书，从而提升韩国教师的学历和教师自身的专业化发展。该项研修的内容按照教育技术部令的规定，主要包括基础科目、师范教育科目、专业科目等。

（2）职务研修，又称专业培训。培训的对象主要有校长、副校长、教育管理人员以及那些重回教师工作岗位和新招募的教师。专业培训一般由首都或省级教育培训院、附属于大学的师资培训中心、韩国国立大学在职教育中心、在线教育培训机构或特殊领域的培训机构提供。

4. **“首席教师”培训制度**

韩国2011年《基础教育法》颁布了“首席教师制度”。首席教师制度是指“选拔在教学上富有专业性的教师作为首席教师，对同事的教学给予咨询服务，开发和推广有效教学方法，提升全体教师专业化水平的制度”。所有首席教师都要接受为期30天、180小时以上的资格培训后，方能获取首席教师资格证。韩国教育部于2012年推出了新的“教师国家培养标准”，该标准将首席教师的培训内容划分为基本素养（10%～20%）、能力领域（40%～45%）、专业领域（40%～45%）等三大类，以培养首席教师的沟通、教学咨询服务能力等。为鼓励首席教师参与学科建设，特对其参加各类教育培训活动以及由教育厅组织的教学资料开发等活动给予经费支持。同时鼓励各地方教育当局建立相关奖励制度，对优秀的首席教师给予奖励，并为其提供同海外研修及参与特别研究活动的机会，以拓展其视野，提升其教学研究能力。

（八）新加坡中小学教师专业发展

新加坡作为世界新的经济发展体，他们在社会发展的各个领域注重汲取世界各国发展经验，在中小学教师专业发展方面有着自己独特的做法，也对促进中小学教育教学质量的提升产生了积极效果。

1. 教师专业发展的三个不同轨道

2001年新加坡教育部推出“教师专业发展计划”，针对教师的不同才华、能力和指向，为教师专业发展提供了“教师轨道”“领导轨道”“高级专业轨道”等三个发展轨道。每个轨道上都有多个级别：教师轨道的发展顺序是高级教师—特级教师—首席特级教师；领导轨道的发展顺序是年级主任/科目主任—部门主任—副校长—校长—校群督导—助理署长—署长—提学司；高级专业轨道是按高级专业一级到高级专业四级依序由低级向高级发展。上述每个级别又对应着一定的薪酬。由此，新加坡每个教师可根据自身专长，清晰计划个人的专业发展目标，选择三条轨道中的一条。因此，“教师专业发展计划”为中小学教师明确了在职培训的方向。

2. 培训内容丰富，教师选择空间大

新加坡教育部规定，在教师每年100个小时的培训课程里，60%的内容应跟受训教师自身专业有关，40%可根据教师个人兴趣爱好选择。教师可选的培训课程主要包括与教学内容相关的专业培训、与工作有关的非专业培训、与自我人格发展有关的培训、与个人兴趣爱好相关的培训、利用“教师实习计划”进行的计划。新加坡教师在职培训方式有工作坊、研讨大会、教师实习计划、教师心理健康咨询等，贴近教师自身发展需要。新加坡教师在职培训内容丰富多样，教师可以在1 000多种在职培训课程中自由选择。新加坡中小学教师校本培训还包括每周参加1.5～2小时的全体员工会议。

3. 独具特色的教师培训保障和激励机制

关于教师在职培训经费保障，新加坡政府每年投入全国GDP的20%用于教育，这为教师在职培训提供了强有力的经济支持。从2007年起，为了让在职教师更好地参与培训，新加坡政府专门下拨了2.5亿新加坡元的教师在职培训专项资金。新加坡在职教师进修由教育部提供进修补助，新加坡全国共有28个校群，每个校群管理13～14所学校，已经形成了“国家级培训中心—校群—学校”的经费保障体系，从三个层面保障培训经费的落实。

为激励教师，新加坡设立了各类教师培训奖项，其中以教育部设立的“卓越教师总统奖”最为权威，每年奖励2～3名全国最优秀的教师，由总统亲自在教师节颁奖。获选的教师将能够获得专业发展及提升知识的机会，包括出国参加国际研讨会及考察海外顶尖学府。国家级教师荣誉的设立以及各种荣誉制度的设立，为教师参加在职培训提供了良好的动力牵引。

二、世界主要国家中小学教师专业发展给我们的启示

上述各个国家中小学教师专业发展情况的概述给我们如下启示。

（一）通过法律制度保障教师的专业发展

由于教育环境和教育对象不断变化，教师必须不断地提升专业水平，教师的在职培训不仅是整个教育改革发展的需要，也是教师自身专业发展的需要。世界各有关国家都有通过法律、法规来规范和保障教师培训权利与义务的做法。教师资格证制度和教师资格有效期制度被许多国家所采用，例如美国中小学教师资格证书分为临时、短期、长期三种，长期资格证书5年期满需换证，教师要想提高资格证书等级或继续任教，就必须参加在职培训；韩国中小学教师要从低一级资格向上一级资格迈进，必须考取上一级资格证书才有机会晋升上一级的职称，也就必须参加相应的资格证书培训。这些都为教师的继续学习和专业发展提供了制度保障。此外，世界各国对教师在职培训一般都提供有力的资金支持，有些国家通过政府推出的特殊项目，有些国家通过预算法，有些国家通过建立自上而下的制度来保障教师培训经费，这些都为教师的专业发展提供了有力支持。

（二）重视教师培训机构建设

教师继续教育机构是开展教师继续教育的重要条件。加强教师继续教育机构及其队伍建设，是教师继续教育顺利开展和质量提升的重要保障。世界各国都有国家、地方性的教师培训机构，或者是官方的教师教育机构，或者是教育专业组织、教育工会等组织的教师培训机构，一般都形成了从国家到地方、从高校到中小学的较为健全的教师培训网络，并聘请大学教师、研究人员、退休老教师及在职优秀教师到教师培训机构，对本学区教师分批进行指导或提供咨询，从而保障了中小学教师的专业发展。

（三）教师培训方式与培训内容丰富多元

中小学教师群体规模庞大，培训需求比较多元，加强教师培训方式和内容的多样化研究和实践是十分必要的。美国“全美教师协会”与“美国教师联盟”等组织常利用专业团体的平台，围绕教育教学实践中的问题，通过研讨会、工作坊、课题研究等方式促进教师专业发展；法国中小学教师在职培训分为长期、中期、短期三种类型；芬兰为教师设立的在职培训项目有长期在职培训计划、认定学分培训项目、非认定培训项目三类；日本教师在职培训类型有行政研修、校内研修和自我研修三种；新加坡教师在职培训方式有工作坊、研讨大会、教师实习计划、教师心理健康咨询等，贴近教师教学实际。

供教师选择的培训课程丰富多样，能满足不同年龄、不同发展方向、不同发展水平教师的多样化需求。美国教师教育课程形成了由通识教育课程、学科专业课程、教育专业课程、实践课程、游学课程等组成的结构体系；新加坡教师可选的培训课程主要包括与教学内容相关的专业培训、与工作有关的非专业培训、与自我人格发展有关的培训、与个人兴趣爱好相关的培训、利用“教师实习计划”进行的计划，贴近教师自身发展需要。

（四）培训模式走向以中小学为主体的校本培训

从世界各国中小学教师专业培训的发展历程来看，最初都主要是依靠高校主导的培训模式，这种模式的好处是实行起来比较方便，借助高校的师资力量和设备比较容易大规模开展，但存在的主要问题是培训内容与中小学教师的工作实际相去甚远，培训处于教育理论与教师教学实践相脱节的状态。

在此背景下，英国、美国等国家率先探索出了以中小学校为本的教师培训模式，以中小学为培训地点，培训内容根据在学校教育教学中碰到的问题，与同行乃至大学教师合作研究，探求解决问题的办法。这种校本培训较好地弥补了之前教师培训方面的不足，调动起了广大中小学校本培训教师的积极性，满足了中小学教师的专业发展需要。

目前校本培训已成为中小学教师专业发展的重要途径，也成为世界各国普遍推行的教师培训模式。在中小学教师专业发展培训与关注教师工作实际这一方面，我国应充分发挥从上到下分布良好的教研系统的独特优势。

（五）普遍重视新教师的在岗培训

对于新教师培训，世界各国都比较重视，一般都有比较系统化的全员性的新教师培训体系。很多国家对新教师培养培训出台了专门的法律，开设有专门的培训课程和培训计划。日本和美国的游学培训都是很有特色的培养新教师专业认同感的有效模式。

教师是一个实践性很强的工作，理论学习与实际操作需要一个积极模仿、不断学习的过程。由老教师带领新教师逐渐入门、实践学习、不断提高教育教学能力和水平是世界各国都较为认同的做法。各国都在不约而同地采用了师傅带徒弟的方式培养培训新教师，为新教师配备专门的指导教师很好地满足了教师发展的个性化需要。我国的很多地区和学校采用的“青蓝工程”“师徒结对”等都是很好的老教师带领新教师专业成长的做法。

（六）重视有工作经验的卓越教师培养培训

为教师群体中的佼佼者——卓越教师提供更具挑战性的专业发展空间和系统化的培养培训，这对教师群体内部而言是一项教师专业发展激励机制，对于提高整个教师群体的社会影响力和教师职业的吸引力具有十分显著的作用。英国2004年实施的“卓越教师计划”已发展成为英国比较成熟的教师培训模式，有力地促进了英国中小学教师整体素质的提升；澳大利亚政府“优秀教师计划”致力于教师质量的提升，为澳大利亚优秀教师的培养和教师专业化水平的提高发挥了重要作用；韩国2011年《基础教育法》颁布了“首席教师制度”，旨在“选拔在教学上富有专业性经验的教师作为首席教师，为同事的教学提供咨询服务，开发和推广有效教学方法，提升全体教师专业化水平”。

总之，纵观世界各国对中小学教师专业发展的做法，我们可以从法律法规建设、教师培训机构、培训方式、培训内容、培训模式变迁等方面得到诸多启发与借鉴；对教师中的部分群体给予特别的专业发展指导与提升机会也是值得我们学习的；加强新入职教师的系统化的专业培训与精细化的专业指导相结合的做法，对卓越教师不断提供专业发展机会等举措都是值得我们学习和借鉴的。

参考文献

[1] 关松林．发达国家中小学教师培训的经验与启示：以美国、英国、日本为例［J］．教育研究，2015（12）．
[2] 陈静安．英国中小学教师培训特点及其启示［J］．继续教育研究，2015（5）．
[3] 陈楚舒．挪威教师专业发展政策改革述评［J］．世界教育信息，2014（9）．
[4] 李俐，陈时见．芬兰中小学教师的在职培训及启示［J］．当代教育科学，2013（8）．
[5] 徐晓红．瑞典中小学教师制度改革新举措：教师注册制度［J］．外国中小学教育，2013（4）．
[6] 张灵，宫君美．韩国中小学教师教育发展趋向及其启示［J］．教育探索，2011（9）．
[7] 石连海．日本教师专业化发展：沿革及特征［J］．教育研究，2011（7）．
[8] 陈春华．新加坡中小学教师在职培训的经验与启示［J］．福建论坛：社科教育版，2007（1）．
[9] 马毅飞．澳大利亚政府优秀教师计划研究［D］．上海：华东师范大学，2010．
[10] 马艳芬，曲铁华．法国教师继续教育制度对我国的启示［J］．外国教育研究，2009（5）．

第四章 中小学
教师专业发展理论探究

教师是学校课程的实践者，是教育教学活动的实施者，是教育教学质量提升的关键因素。关于教师专业化发展，国家在文件、制度和实践层面都做了大量工作，也产生了一定的成效。在文件规范和制度建设方面，有关部门相继出台的《教师资格条例》《面向21世纪教育振兴行动计划》《中小学教师继续教育规定》等标志着政府从制度上加大了对教师专业化队伍建设的举措，《中小学教师专业化标准（2012）》对各地开展教师专业化水平提升有着积极意义。在实践层面，借助基础教育课程改革的春风，教师在职专业化培养受到持续关注，各种国家级培训、省级培训、地市级培训和校本培训遍地开花，为广大教师提供了大量的培训机会。

然而，广大教师发现，那些轰轰烈烈的集体培训，各种教育教学理念和知识的灌输，对教师的教育教学能力提升帮助并不大，教师实际工作中的困惑、问题还是没有解决。中小学教师的专业化发展之路如何走，已经成为教育研究、教育管理部门以及教研系统面临的挑战之一。其实，早在20世纪80年代，国际上关于教师专业化发展运动就已经出现了一个重要转向，即教师培训逐渐从群体的、外在的、被动的专业化发展转向了关注教师个体的、内在的、主动的、终身的教师专业化发展。① 广东省中小学教师专业发展研究也是基于这一现实的转变需要而开展的。

一、中小学教师专业发展的理论基础

（一）教师专业化水平和专业地位仍待提高

我国的教师职业发展经历了三个阶段，即“学者即良师”“以吏为师”阶

① 单中惠．教师专业发展的国际比较［M］．北京：教育科学出版社，2010：1.

段，师范院校体系定向培养教师阶段，教师专业化发展阶段即教师成为有专业制度、专业能力标准和专业精神的职业。教师专业化发展阶段最显著的标志就是教师资格证制度的产生。我国从 1994 年开始实行教师资格证书制度，正如医生、律师必须持证营业一样，教师必须持证从教。2012 年国家也出台文件，从专业知识、专业技能和专业精神三个方面规范了教师专业发展内容。其中，专业技能主要包括教学设计、教学实施、班级管理与教育活动、评价激励与改进、沟通与合作、反思与发展六个方面，专业精神主要包括专业态度、伦理道德和情绪智力等。① 这对教师的专业发展有一定的引导和规范作用。

然而，教师作为一个专业化职业，和医生、律师比起来，总是有低人一等的感觉。这是因为，一个职业是否达到专业化水平标准，有专业内部评价和社会评价两个方面的评判：专业内部评价指专业自身的成熟度，即专业知识与技能成熟程度、专业组织与制度成熟程度，以及专业精神的认同度；社会评价是指专业人士的经济待遇、社会地位、专业声望和职业吸引力等。作为一个专业性工作，教师这个职业是否达到专业化水平要求呢？根据香港学者郑肇桢 1987 年的研究认为，一种专业应该具有八个特征：①有极重要的社会功能；②有相当的工作难度及复杂的技巧；③工作者常需解决新的问题；④需有一套在工作时的道德守则以作自律；⑤需要长时间的学习，并且只有在高等学府或相同水平以上才进行学习；⑥工作者必须有若干决策自由，以应付常规之外的事态；⑦工作者要有严谨的组织，以制定工作应有之标准，包括工作条件及应付之责任；⑧由于受较长时间训练及负有相当责任，故其享有的社会地位及待遇比一般职业要高。②

由于教师目前的社会地位和经济待遇、职前培养标准、工作自由度等不够理想，职业的吸引力不够，社会评价还不够高，因此教师的专业化的社会认同尚待提高。还有，我国教师职业资格证书制度实行在后，大量的中小学教师实施在前，存量的教师在一定程度上影响了教师队伍的整体专业化水平，加强和提高教师专业水平和能力任重道远。

（二）教师职业需要持续的培训提升

教育是社会发展的引擎，是社会进步的动力，因此，中小学教师是一个随着社会进步变化而不断更新的工作。社会在变化，学生在变化，教学内容在变化，教学手段在变化，教育需求也在变化，从事教育工作的教师必须要不断接受继续教育与培训，不断提升适应工作的能力与专业知识，这是一个需要持续学习与提升的工作领域。

---

① 苏红．教师专业发展中的关键事件研究［M］．北京：北京师范大学出版社，2014.

② 郑肇桢．教师教育［M］．香港：香港中文大学出版社，1987：8.

法国教育家保罗·朗格朗1965年提出终身教育理论是适应时代的教育理论。他认为，教育应该是学校教育和学校毕业以后教育及训练的统和，教育应该贯穿人的一生，教育应该是个人一生所经历的一种人性的、社会的、职业的过程。中小学教师要有能力在自己的一生中利用各种机会去更新、深化和充实自己，以适应快速发展的社会和教育的需要。每位教师都必须具备自我发展、自我完善的能力，不断地提高自我素质，不断地接受新的知识和新的技术，不断更新自己的教育观念、专业知识和能力结构，以使自己的教育观念、知识体系和教学方法等跟上时代的变化。

终身教育提倡的教育理念给我们的启发是，教师作为一个专业工作者，要终身持续不断地进修与学习，仅仅完成了师范教育的教师是难以胜任学习化社会的教育需要的。所有的教师都需要终身学习，中小学教师必须要不断进行学习，更新自己的知识体系，培养自己各方面的能力，适应教育提出的各种挑战。教师的学习形式可以灵活多样，可以通过自学、课题研究、小组学习等多种形式来进行。教师有丰富的教育教学实践经验，同辈互学、观摩交流都是很好的专业发展方式。

（三）教师职业生涯发展需要管理和引导

教师作为社会发展与文化传承的专业工作者，他们的职业发展和专业提升受到社会的重视。教师职业生涯管理一般包括组织职业生涯管理和自我职业生涯管理，前者主要是从教师入职资格要求、专业技术职称晋升、教师培训等外部的制度方面进行的，后者是从个人内部引导教师有意识地从自身职业发展的角度开始自身的职业生涯规划设计等方面展开的。

关于教师职业生涯发展的理论研究中比较具代表性的有：福勒（1969）的四阶段理论，即任教前关注、早期生存关注、教学情境关注和关注学生四个阶段。伯顿（1986）的三阶段论，即生存阶段、调整阶段和成熟阶段。菲斯勒（1985）结合成人发展和人类生命发展阶段等，提出了教师职业生涯发展八阶段理论，即职前教育阶段、引导阶段、能力建立阶段、热心和成长阶段、生涯挫折阶段、稳定和停滞阶段、生涯低落阶段和生涯推出阶段。休伯曼（1989）将教师的职业生涯归纳为五个时期，即入职期（1～3年）、稳定期（4～6年）、实验和歧变期（7～25年）、平静和保守期（26～33年）、退出教职期（34年以后）。以上研究大多是美国从20世纪60年代到90年代之间的研究。我国研究者张洪军2010年提出了教师职业发展的适应期、成长期、成熟期、高原期和超越期共五个发展阶段的理论，并总结了每一阶段的基本特征和发展设计要领等。① 进入21世纪以

① 张洪军. 为自己定制竞争力：青年教师专业化成长规划［M］. 重庆：西南大学出版社，2015.

来，国际上对教师生涯发展进入到一个新的阶段，美国研究者斯黛菲等（2006）建立了一个实习教师、学徒教师、专业型教师、专家型教师、杰出教师和荣誉退休教师六级的教师职业生涯周期模型，用以分析教师连续性的专业发展过程。①这对研究提出教师职业生涯发展模型很有启发作用。

（四）教师职业能力更多是在实践中发展起来的

教师职业能力是指教师顺利地乃至完美地完成教育教学任务而必须具备的职业活动能力。良好的教师职业能力对于提高职业威望、增强职业信心、提高工作效率和保证教育教学工作的高质量完成有重要作用。关于教师职业能力的形成，国内外研究表明，虽然师范教育对教师能力的形成具有重要的基础作用，但教师的能力更多的是在实践中逐步积累和发展起来的，而且是多阶段的连续积累的一个过程。尤其是运用教学方法和手段的能力、与学生交往能力、教学组织和管理能力、教育机智等，更多的是通过职业社会化和自我学习形成的。

有研究发现，在职业能力的形成和发展过程中，教师所具备的职业能力有21.95%是在进入大学前形成的，12.74%是在大学期间形成的，有65.31%是在入职后形成的（王邦佐）。教师能力发展不是一蹴而就的，而是由生成、再造、创新三个阶段组成，教师的能力发展也被分为了解、理解、部分运用、全面掌握、创新五种水平（靳莹等，2000）。所以说，教师的职业能力更多是在大量的教育教学实践中发展和培养起来的。

（五）中小学教师更青睐主动型学习

教师是有经验的成年人，他们的在职学习是基于工作需要的，他们甚至希望学了就能用，能对自己的教育教学工作有帮助，所以他们的学习主动性和积极性更强，因此教师在职教育与培训应该设计成主动型的自主学习。1946年美国学者埃德加·戴尔（Edgar Dale）提出了“学习金字塔”（Cone of Learning）理论，把学习分为主动型学习和被动型学习（如图4－1所示）。

埃德加·戴尔以语言学习为例，不同的学习方法达到的学习效果不同。研究表明，在初次学习两周后，学生对知识的保持率为5%～90%。根据这一研究，他把学习类型划分为被动型学习和主动型学习，而且他发现被动型学习知识保留比例较低。被动型学习有四种形式，包括听讲、阅读、视听和演示。其中，用耳朵听讲授，知识保留5%；用眼去阅读，知识保留10%；视听结合，知识保留20%；用演示的办法，知识保留30%。

① 斯黛菲，等. 教师的职业生涯周期［M］. 杨秀玉，赵明玉，译. 北京：人民教育出版社，2012.

该研究发现，主动型学习的知识保留均在50%以上。主动型学习包括讨论、实践、教授给他人等三种形式。其中，分组讨论，知识保留50%；练习操作实践，知识保留75%；向别人讲授、相互教、快速使用，知识保留90%。主动型学习是学习者以问题为主题的自主学习过程。对教师来说，参与了一个真实任务的学习更能提高自身的教育教学能力和水平。主动型学习给予教师的不仅是教研的方法和能力，还可能解决了教师在实践教育教学中遇到的问题。因此，在教师的专业提升方面，从教师的角度出发，设计更多主动型的培训方案更为迫切。其实，主动型学习可以是小课题研究学习，也可以是有学习任务的长期（或短期）实践性学习。这种学习方式对教师来说十分适合，因为教师在日常的教育教学活动中会遇到很多问题需要研究，所以，对中小学教师的专业培训和职业能力提升一定要从主动型学习的角度来设计和考虑，促进教师长期持续地在职专业发展。

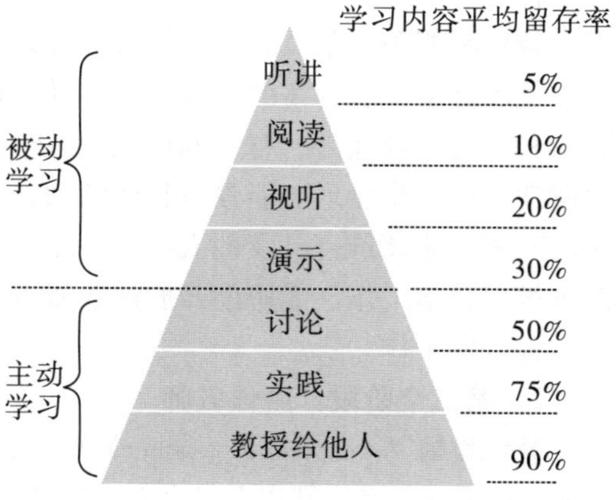

图4－1 学习金字塔

二、中小学教师专业发展的模型构建

为了让广大中小学教师较清晰地了解自己的专业发展水平，明晰自己的努力方向，根据教育部印发的中小学教师专业标准和广东省中小学教师专业发展状况及需求，我们设计出中小学教师专业发展的“五阶五维”模型。

（一）中小学教师生涯发展的“五个阶段”

根据国内外对教师专业化发展的相关研究，以及职业生涯发展理论等，考虑到中小学教师工作时间、职称设置及晋升等管理方面的因素，从教师专业发展的目标内容清晰化和发展措施的可操作性出发，我们提出了教师职业生涯发展五阶段理论。

1. 第一个阶段：新手教师

新手教师（new hand teacher）（1～5年）一般具有以下特点：没有教育教学经验的新人，从最基本的班主任做起，了解学生，了解学校，了解社区，了解教育实践，了解社会对教育的期待。知道国家教育方针政策，知道学生身心发展规律与特点，知道教育教学与评价的基本原理与方法，知道课程尤其是学科课程标准、教材和相关教学资源及其研发过程，知道教科研的基本方法。能在老教师指导下逐步自主开展日常的教育教学活动，逐渐能将专业知识、教育教学与评价的方法和手段结合起来，有效调控教育教学过程，合理处理教育教学偶发事件，教育教学效果逐步显现。能参与教研活动，在老教师指导下研究解决教育教学中存在的问题，能评价自己及他人的教育教学过程和效果，并不断反思、及时调整和改进教育教学工作。能协助开展课题研究，并承担部分辅助性的研究工作或者校本课程研发工作。

2．第二个阶段：胜任教师

胜任教师（competency teacher）（5～10 年）一般具有以下特点：已熟悉学生、学校、社区、教育实践以及社会对教育的期待，熟悉国家教育方针政策、学生身心发展规律与特点、教育教学与评价的基本原理与方法，熟悉课程尤其是学科课程标准、教材和相关教学资源及其研发过程，熟悉教科研的基本方法。能独立制订教育教学计划并组织实施，能自主开展日常的教育教学活动，能将专业知识、教育教学与评价的方法和手段结合起来，有效调控教育教学过程，妥善处理教育教学偶发事件，教育教学活动逐步娴熟，教育教学效果明显。能用多种方式方法检测评价学生的发展进步和学科学习过程与效果，能参与教育教学测试测量和问卷设计。能积极参与学科教研组的各种活动，研究解决教育教学中存在的问题，并逐渐成为公开课等教研活动的主要承担者；能评价自己及他人的教育教学过程和效果，并不断反思、及时调整和改进教育教学工作；能评价学科课程、教材及相关课程资源，并针对有关问题提出改进的意见建议。能结合自己的工作实际开展小课题研究，并有研究成果。能参与任教学科课程资源的开发和校本课程的研发工作。

3．第三个阶段：骨干教师

骨干教师（backbone teacher）（10～15 年）一般具有以下特点：掌握学生、学校、社区、教育实践以及社会对教育期待的基本状况；掌握国家教育方针政策、学生身心发展规律与特点、教育教学与评价的基本原理与方法，掌握课程尤其是学科课程标准、教材和相关教学资源及其研发过程，掌握教科研的基本方法。能自主制订教育教学计划、开展日常的教育教学活动，能将专业知识、教育教学与评价的方法和手段有机结合起来，高效调控教育教学过程，妥善处理教育教学偶发事件，教育教学活动娴熟在行，教育教学效果显著，公开课、说课、赛课能力强，逐渐形成自己的教育教学风格，在学校教育教学工作中发挥着骨干带头作用，在学校教师群体中属于中坚力量，能承担指导新手教师的任务。能用多种方式方法检测评价学生的发展进步和学科学习过程与效果，能承担教育教学测试测量和问卷设计。能组织和带领所在教师团队开展校本教研活动，研究解决教育教学中的实际问题，并成为学校示范课、区域公开课或比赛课等教研活动的主要承担者；能评价自己及他人的教育教学过程及效果，并不断反思、及时调整和改进教育教学工作；能较为准确、客观评价学科课程、教材及相关课程资源，并提出改进的意见建议。能带领学科教研团队开展校本课题或区域课题研究，并有研究成果；对同事的教育教学改革实践活动和课题研究活动给予更多关注。能承担任教学科课程资源的开发和校本课程的研发工作。

4. 第四个阶段：卓越教师

卓越教师（excellent teacher）（15～20 年）一般具有以下特点：熟练掌握学生、学校、社区、教育实践以及社会对教育的期待；熟练掌握国家教育方针政策、学生身心发展规律与特点、教育教学与评价的基本原理与方法，熟练掌握课程尤其是学科课程标准、教材和相关教学资源及其研发过程，熟练掌握教科研的基本方法，主动学习先进教育教学理论，积极了解国内外教育改革发展的经验做法，积极提升自身专业水平和能力。教育教学活动更为娴熟在行，教育教学效果显著，区域示范课、赛课能力强，形成自己的教育教学风格；对教师工作有自己独到的见解，在学校及区域教育教学工作中发挥着示范辐射作用，具有较强的指导教育教学的水平能力。能用多种方式方法检测评价学生的发展进步和学科学习过程与效果，能承担区域教育教学测试测量和问卷设计；能在学生的学业发展与选择方面给予指导。能组织区域学科教研活动，研究解决区域教育教学中的实际问题，并成为区域示范课或较大区域示范课、比赛课等教研活动的主要承担者；能评价自己及他人的教育教学过程及效果，并不断反思、及时调整和改进教育教学工作；能准确、客观评价学科课程、教材及相关课程资源；能对人才培养方式方法、学校办学及管理方式进行评价，并提出可行的改进意见建议。能带领教师团队开展区域一般课题甚至重点课题研究，并有高质量研究成果；对区域教育教学改革实践活动和课题研究活动能给予更多关注和指导。能主持任教学科课程资源的开发和校本课程的研发工作。

5. 第五个阶段：专家型教师

专家型教师（expert teacher）（20 年以上）一般具有以下特点：深度掌握学生、学校、社区、教育实践以及社会对教育的期待；深度掌握国家教育方针政策、学生身心发展规律与特点、教育教学与评价的基本原理与方法，深度掌握课程尤其是学科课程标准、教材和相关教学资源及其研发过程，深度掌握教科研的基本方法；总是具有饱满的教育热情，且在诸多教育问题和教育领域都具有较为深刻的见解，能够与教育理论研究者进行较为深入的对话与交流，能积极主动学习研究先进教育教学理论，积极研究吸收国内外教育改革发展的经验做法，与邻近区域的专家型教师保持积极互动，在专业协会中担任领导者角色，并以此保持专业知识的前沿性。教育教学活动形成自己的独特风格，教育教学效果显著，在较大区域教育教学工作中发挥着示范辐射和带头作用，指导教育教学的水平能力强，成为教师成长共同体发起者和领导者，积极参与和组织区域教育教学的专业化发展。能用多种方式方法检测评价学生的发展进步和学科学习过程与效果，能主持区域教育教学测试测量和问卷设计；能在学生的学业发展与选择方面给予指导。能组织较大区域学科教研活动，研究解决区域教育教学中的实际问题，并成为区域教研活动的带头人；能评价自己及他人的教育教学过程及效果，并不断反思、及时调整和改进教育教学工作；能准确、客观评价任教学科甚至整个学段课程、教材及相关课程资源，能对人才培养模式、学校办学及管理模式进行评价，并提出可行的改进意见建议；能发现并培养出一个以上的优秀教育教学团队。能带领教师团队开展较高层次的课题研究，并有高质量研究成果，有代表性的研究论文发表或著作出版；能组织较大区域教育教学改革实践活动和课题研究活动，并能给予有效指导。能主持地方课程、校本课程和相关课程资源的研发工作。

在专家型教师之上，还有一个教育家型教师（educator teacher）层面。教育家型教师的成名都是基于多年的教育教学实践，是教师群体的优秀代表，也是教师职业生涯的最高水平。广东省目前高水平的教育家型教师比较缺乏，培养更多的教育家型教师是我们未来需要努力的方向。

（二）中小学教师专业能力结构的“五个维度”

中小学教师作为一个专业化的社会职业，为更好地完成职业所承担的社会责任，在专业能力方面需具备五个维度的专业能力，即教育能力、教学能力、评价能力、教科研能力和课程开发能力等。

随着信息化社会的到来，信息技术应用能力也是现代教师必备的能力之一，但是信息技术作为常规教育教学的手段，渗透在教育教学工作的方方面面。因此，在五个维度的教师能力中都包含了教育信息技术应用能力要求，而没有单独列出教育信息技术能力。

1. 第一个维度：教育能力

教育能力是教师工作最核心的能力。教师作为专业工作者最重要的职责就是教育和引导青少年的健康成长，因为教育的特殊性，教师在促进或帮助学生道德发展方面肩负着特殊的使命，因此，教师教育能力包括对学生身心发展指导、思想品德指导、学业发展指导以及职业生涯规划等的指导能力和学生管理能力等。随着教育的普及，教师群体越来越大，教师的教育能力培训十分迫切。

这里，我们把师德等归入到教育能力中去。正人首先正己，要教育好学生，教师首先要有为人师表、立德树人、关爱学生、尊重学生的师德规范，要遵守国家教育法律法规，履行学校岗位责任，具有良好的职业道德、社会责任感和目标追求。教育在本义上具有正向的积极引导作用，教育能力本身就包含着价值引导的内容，这里的教育能力更多指向教师要具有对学生思想品德和身心健康的教育和引导能力。随着学校教育功能的多元化，对学生的身心健康发展指导、学业发展指导、职业生涯规划指导能力都是现代教师不可或缺的教育能力。

2. 第二个维度：教学能力

教师教学能力包括教学认识能力、教学操作能力和教学监控能力三方面。其中，教学认识能力包括对课程标准的理解和对教材的处理能力、对学生学习基础的认识与了解、对教学方法的选择等能力。教学操作能力包括教学设计能力、课堂组织管理能力、学生学习指导能力、教育信息技术使用能力、教师教育机智等。教学监控能力包括课堂的管理能力、对学生进步的感受能力、对教学效果的反省能力、教学突发事件的处理能力等。

3. 第三个维度：评价能力

教育教学评价能力是教师作为专业工作者的重要能力。教师对学生身心发展水平、学生学业水平进行评价，并能根据学生所处发展阶段和水平给出恰当的发展意见和建议，能够在学生的学业发展与选择方面给予指导意见的能力；参与教育测试测量活动的能力，参与学生发展水平和学业发展水平测试问卷设计的能力，具备客观公正评价同行教育教学水平的能力。

4. 第四个维度：教科研能力

教科研能力一般指教研、科研能力，是教师进行教育教学活动必须具备的能力要求，其中包括常规的校本教研活动和区域教研活动能力、选择教育科研课题能力、用恰当的科研方法开展科研能力、获得科研成果能力等。对教育研究界的新观念、新理念保持敏感，能够较快接受新观念，在自己的日常教育教学中积极运用新的教育观念，与教育研究界保持积极互动，参与各种教育沙龙活动。

5. 第五个维度：课程开发能力

课程开发能力是教师提供专业服务的重要方面，具体包括熟悉课程开发过程与方法、课程资源的开发和利用能力、对课程标准（纲要）解读和教材变通能力、课程评价和研究能力。在课程改革过程中，随着地方课程和校本课程所占比重的加大，教师的课程开发能力越来越受到重视。

（三）中小学教师专业发展“五阶五维”结构内容体系

根据中小学教师专业标准，结合广东省中小学教师专业化发展的实际状况，我们设计出了与五个阶段的教师相对应的在教育、教学、评价、教科研、课程开发五个方面的能力要求。五个维度、五阶水平的界定大致分为五个层次：知道（了解、识记）、熟悉（理解）、掌握（应用）、熟练掌握、深度掌握。其中，“深度掌握”中的“深度”借助了“深度学习”的“深度”概念，即除了识记（了解）、理解、应用（掌握）的层次外，还有分析、评价、创造等更高层次，深度掌握就是比掌握更进一步的分析、评价、创造等更高水平的掌握。“五阶五维”能力结构内容如表4－1所示。

表 4－1　中小学教师专业发展“五阶五维”能力结构内容体系

阶段	教育能力	教学能力	评价能力	教科研能力	课程开发能力
新手教师（1～5年）	知道国家教育方针政策；知道学生身心发展规律与特点，知道德育基本原理与方法。懂得尊重和发挥好少先队、共青团及有关组织的教育引导作用；了解教育与社会间的关系，了解家长；了解教育实践。能逐步建立良好师生关系，较为有效管理和组织开展班级、少先队、共青团活动和有关社团活动，帮助学生建立良好同伴关系；能关爱学生，重视学生品德和身心健康发展；能尊重学生，平等对待学生，尊重学生差异，了解和满足学生不同需求；信任学生，能利用各种机会及学科教学活动，引导学生积极向上、自强自立，养成适应社会的能力。逐步会妥善应对突发事件	知道教育教学原理和方法；知道学生认知特点尤其是学习具体学科内容的认知特点。知道所教学科的知识体系，熟悉学科基础知识与基本技能、基本思想与方法；知道所教学科与其他学科的联系；知道学科课程标准、教材和相关教学资源；知道学科教学基本方法尤其是启发式、探究式、讨论式、参与式等方式方法和相关教学手段。能在老教师、优秀教师指导下制订学科教学计划、进行教学设计，能利用合适的教学方法和教学资源逐步自主地开展教育教学活动，有效调控教学过程，合理处理课堂偶发事件。能激发学生的求知欲和好奇心，培养学生学习兴趣和爱好，逐步能营造自由探索、勇于创新实践的氛围，培养学生的创新精神和实践能力；逐步能引导学生自主学习、自主发展；注意学生的全面发展	知道教育教学评价的原理、工具与方法。能在老教师、优秀教师指导下多视角、全过程评价学生的发展进步，并提出进一步发展的意见建议；能在老教师、优秀教师指导下用多种工具与方法检测学生学科学习过程与效果；能引导学生对自己的行为与学习效果进行自我评价、相互评价，从而改进学习、相互促进、共同发展。能在老教师、优秀教师指导下收集分析相关信息，评价自己的教育教学过程及效果，并不断反思，及时调整和改进教育教学工作；能在老教师、优秀教师指导下评价其他教师的教育教学效果，并提出改进的意见建议。能初步评价学科课程、教材及相关课程资源	知道教学研究活动及其方法；知道教育科学研究的基本方法。能参与教研活动，与同事交流、分享教育教学经验和成果及有关资源；能协助研究解决教育教学中的实际问题，提高教育教学效果和自身教研水平；能协助同事或其他同行开展课题研究，能承担部分辅助性的课题研究任务	知道课程管理政策和课程基本理论，知道课程研发的基本过程与方法；知道任教学科课程标准的研制过程和教材等课程资源的开发过程，能在教育教学中逐步理解和利用课程标准及课程资源。知道任教学校的基本情况，尤其是课程与教学基本情况和校本课程开发情况；知道学校所在社区的自然、社会、文化等情况。知道学校开发校本课程的需求及条件，能协助学校有关方面的领导和老师开展校本课程研发工作

续上表

阶段	教育能力	教学能力	评价能力	教科研能力	课程开发能力
胜任教师（5~10年）	熟悉国家教育方针政策；熟悉学生身心发展规律与特点，熟悉德育基本原理与方法。能尊重和发挥少先队、共青团及有关组织的教育引导作用；熟悉教育与社会间的关系，熟悉家长；熟悉教育实践。能建立良好师生关系，有效管理和组织开展班级、少先队、共青团活动和有关社团活动，有效帮助学生建立良好同伴关系；能关爱学生，重视学生品德和身心健康发展；能尊重学生，平等对待学生，尊重学生差异，熟悉和满足学生不同需求，引导和帮助学生设计个性化的学习发展计划；信任学生，能充分利用各种机会及学科教学活动，引导学生积极向上、自强自立，养成适应社会的能力。会妥善应对突发事件	熟悉教育教学原理和方法；熟悉学生认知特点尤其是学习具体学科内容的认知特点。熟悉所教学科的知识体系，熟悉学科基础知识与基本技能、基本思想与方法；熟悉所教学科与其他学科的联系；熟悉学科课程标准、教材和相关教学资源；熟悉学科教学基本方法尤其是启发式、探究式、讨论式、参与式等方式方法和相关教学手段。能独立制订教学计划并组织实施，能自主备课和利用合适的教学方法及教学资源开展日常教育教学活动，有效调控教学过程，合理处理课堂偶发事件，学科教学逐步娴熟，能进行公开课展示。能激发学生的求知欲和好奇心，培养学生学习兴趣和爱好，营造自由探索、勇于创新实践的氛围，培养学生的创新精神和实践能力；能引导学生自主学习、自主发展；重视学生的全面发展	熟悉教育教学评价的原理、工具与方法。能多视角、全过程评价学生的发展进步，并提出进一步发展的意见建议；能用多种工具与方法检测学生学科学习过程与效果；能引导学生对自己的行为与学习效果进行自我评价、相互评价，从而改进学习、相互促进、共同发展；能参与教育教学测试测量和问卷设计。能收集分析相关信息，评价自己的教育教学过程及效果，并不断反思，及时调整和改进教育教学工作；能评价其他教师的教育教学效果，并提出改进的意见建议。能评价学科课程、教材及相关课程资源，并针对有关问题提出改进的意见建议	熟悉教学研究活动及其方法；熟悉教育科学研究的基本方法。能积极参加学科教研组的各种活动，与同事交流、分享教育教学经验和成果及有关资源；能参与研究解决教育教学中的实际问题，并逐渐成为公开课等教研活动的主要承担者。能结合自己的工作实际，使用基本的教育研究方法开展小课题研究，并有研究成果	知道课程管理政策和课程基本理论，知道课程研发的基本过程与方法；熟悉任教学科课程标准的研制过程和教材等课程资源的开发过程，能在教育教学中理解和充分利用课程标准及课程资源。熟悉任教学校的基本情况，尤其是课程与教学基本情况和校本课程开发情况；了解学校所在社区的自然、社会、文化等情况。熟悉学校开发校本课程的需求及条件，能参与学校的校本课程研发工作和任教学科课程资源的开发工作

续上表

阶段	教育能力	教学能力	评价能力	教科研能力	课程开发能力
骨干教师（10～15年）	掌握国家教育方针政策；掌握学生身心发展规律与特点，掌握德育基本原理与方法。能尊重和充分发挥少先队、共青团及有关组织的教育引导作用；掌握教育与社会间的关系，熟悉家长；掌握教育实践。能建立良好师生关系，高效管理和组织开展班级、少先队、共青团活动和有关社团活动，高效帮助学生建立良好同伴关系；能关爱学生，重视学生品德和身心健康发展；能尊重学生，平等对待学生，尊重学生差异，掌握和满足学生不同需求，引导和帮助学生设计个性化的学习发展计划；能信任学生，充分利用各种机会及学科教学活动，引导学生积极向上、自强自立，养成适应社会的能力。能积极妥善应对突发事件	掌握教育教学原理和方法；掌握学生认知特点尤其是学习具体学科内容的认知特点。掌握所教学科的知识体系，掌握学科基础知识与基本技能、基本思想与方法；掌握所教学科与其他学科的联系；掌握学科课程标准、教材和相关教学资源；掌握学科教学基本方法尤其是启发式、探究式、讨论式、参与式等方式方法和相关教学手段。学科教学娴熟在行，公开课、说课、赛课能力强，逐渐形成自己的教育教学风格。能通过多种方式，激发学生求知欲望，营造自由探索、勇于创新实践的氛围，引导学生自主学习、自主发展，形成良好的学习习惯、创新精神和实践能力；重视学生的全面发展，能因材施教，为每一位学生提供适合的教育教学，在学校教育教学工作中发挥着骨干带头作用，能承担指导新手教师的任务，在学校教师群体中属于中坚力量	掌握教育教学评价的原理、工具与方法；掌握教育教学问卷设计与测量技术。能多视角、全过程评价学生的发展进步，并提出进一步发展的意见建议；能用多种工具与方法检测学生学科学习过程与效果；能引导学生对自己的行为与学习效果进行自我评价、相互评价，从而改进学习、相互促进、共同发展；能承担教育教学测试测量和问卷设计。能收集分析相关信息，评价自己的教育教学过程及效果，并不断反思，及时调整和改进教育教学工作；能评价其他教师的教育教学效果，并提出改进的意见建议。能较为准确、客观评价学科课程、教材及相关课程资源，并提出改进的意见建议	掌握教学研究活动及其方法；熟悉教育科学研究的基本方法。能组织学科教研组活动，交流分享教育教学经验和资源；能带头研究解决教育教学中的实际问题，并成为学校示范课、区域公开课或比赛课等教研活动的主要承担者；能带领学科教研团队开展校本课题或区域课题研究，并有研究成果；对同事的教育教学改革实践活动和课题研究活动给予更多关注	熟悉课程管理政策和课程基本理论，熟悉课程研发的基本过程与方法；掌握任教学科课程标准的研制过程和教材等课程资源的开发过程，能在教育教学中掌握和充分利用课程标准及课程资源。掌握任教学校的基本情况，尤其是课程与教学基本情况和校本课程开发情况；熟悉学校所在社区的自然、社会、文化等情况。熟悉学校开发校本课程的需求及条件，能承担学校的校本课程研发工作和任教学科课程资源的开发工作

续上表

阶段	教育能力	教学能力	评价能力	教科研能力	课程开发能力
卓越教师（15～20年）	熟练掌握国家教育方针政策；熟练掌握学生身心发展规律与特点，熟练掌握德育基本原理与方法。能尊重和充分发挥少先队、共青团及有关组织的教育引导作用；熟练掌握教育与社会间的关系，熟悉家长；熟练掌握教育实践。师生关系较为融洽，能高效管理和组织开展班级、少先队、共青团活动和有关社团活动，高效帮助学生建立良好同伴关系；能关爱学生，重视学生品德和身心健康发展；能尊重学生，平等对待学生，尊重学生差异，熟练掌握和满足学生不同需求，能引导学生设计个性化的学习发展计划；信任学生，能充分利用各种机会及学科教学活动，引导学生积极向上、自强自立，养成适应社会的能力。积极主动妥善应对突发事件	熟练掌握教育教学原理和方法；熟练掌握学生认知特点尤其是学习具体学科内容的认知特点。熟练掌握所教学科的知识体系，熟练掌握学科基础知识与基本技能、基本思想与方法；熟练掌握所教学科与其他学科的联系；熟练掌握学科课程标准、教材和相关教学资源；熟练掌握学科教学基本方法尤其是启发式、探究式、讨论式、参与式等方式方法和相关教学手段。学科教学更为娴熟在行，区域示范课、赛课能力强，形成自己的教育教学风格。能通过多种方式，激发学生求知欲望，营造自由探索、勇于创新实践的氛围，引导学生自主学习、自主发展，形成良好的学习习惯、高效的学习方式、较强的创新精神和实践能力；重视学生的全面发展，能因材施教，为每一位学生提供适合的教育教学；在学校及区域教育教学工作中发挥着示范辐射作用，具有较强的指导教育教学的水平能力	熟练掌握教育教学评价的原理、工具与方法；熟练掌握教育教学问卷设计与测量技术。能多视角、全过程评价学生的发展进步，并提出进一步发展的意见建议；能用多种工具与方法检测学生学科学习过程与效果；能引导学生对自己的行为与学习效果进行自我评价、相互评价，从而改进学习、相互促进、共同发展；能在学生的学业发展与选择方面给予指导。能收集分析相关信息，评价自己的教育教学过程及效果，并不断反思，及时调整和改进教育教学工作；能评价其他教师的教育教学效果，并提出改进的意见建议。能准确、客观评价学科课程、教材及相关课程资源，能对人才培养方式方法、学校办学及管理方式进行评价，并提出可行的改进意见建议	掌握教学研究活动及其方法；掌握教育科学研究的基本方法。能组织区域学科教研活动，研究解决区域教育教学中的实际问题，并成为区域示范课或较大区域示范课、比赛课等教研活动的主要承担者；能带领教师团队开展区域一般课题甚至重点课题研究，并有高质量研究成果；对区域教育教学改革实践活动和课题研究活动给予更多关注和指导	掌握课程管理政策和课程基本理论，掌握课程研发的基本过程与方法；熟练掌握任教学科课程标准的研制过程和教材等课程资源的开发过程，能在教育教学中熟练掌握和灵活运用课程标准及课程资源。掌握任教学校的基本情况，尤其是课程与教学基本情况和校本课程开发情况；掌握学校所在社区的自然、社会、文化等情况。掌握学校开发校本课程的需求及条件，能主持学校的校本课程研发工作和任教学科课程资源的开发工作

续上表

阶段	教育能力	教学能力	评价能力	教科研能力	课程开发能力
专家型教师（20年以上）	深度掌握国家教育方针政策；深度掌握学生身心发展规律与特点，深度掌握德育基本原理与方法。能尊重和充分发挥少先队、共青团及有关组织的教育引导作用；熟练掌握教育与社会间的关系，熟悉家长；深度掌握教育实践，对教育理论与实践有独特见解。师生关系融洽，高效管理和组织开展班级、少先队、共青团活动和有关社团活动，高效帮助学生建立良好同伴关系；关爱学生，重视学生品德和身心健康发展；尊重学生，平等对待学生，尊重学生差异，熟练掌握和满足学生不同需求，能引导学生设计个性化的学习发展计划；信任学生，充分利用各种机会及学科教学活动，引导学生积极向上、自强自立，养成适应社会的能力。熟练妥善应对突发事件	深度掌握教育教学原理和方法；深度掌握学生认知特点尤其是学习具体学科内容的认知特点。深度掌握所教学科的知识体系，深度掌握学科基础知识与基本技能、基本思想与方法；深度掌握所教学科与其他学科的联系；深度掌握学科课程标准、教材和相关教学资源；深度掌握学科教学基本方法尤其是启发式、探究式、讨论式、参与式等方式方法和相关教学手段。学科教学形成自己的教育教学风格。能通过多种方式，激发学生求知欲望，营造自由探索、勇于创新实践的氛围，引导学生自主学习、自主发展，形成良好的学习习惯、创新精神和实践能力；重视学生的全面发展，能因材施教，为每一位学生提供适合的教育教学。在较大区域教育教学工作中发挥着示范辐射和带头作用，指导教育教学的水平能力强，教师成长共同体发起者和领导者，积极参与和组织区域教育教学的专业化发展	深度掌握教育教学评价的原理、工具与方法；深度掌握教育教学问卷设计与测量技术。能多视角、全过程评价学生的发展进步，并提出进一步发展的意见建议；能用多种工具与方法检测学生学科学习过程与效果；能引导学生对自己的行为与学习效果进行自我评价、相互评价，从而改进学习、相互促进、共同发展；能在学生的学业发展与选择方面给予有效指导。能收集分析相关信息，评价自己的教育教学过程及效果，并不断反思，及时调整和改进教育教学工作；能评价其他教师的教育教学效果，并提出改进的意见建议；能发现并培养出一个以上的优秀教育教学团队。能准确、客观评价任教学科甚至整个学段课程、教材及相关课程资源，能对人才培养模式、学校办学及管理模式进行评价，并提出可行的改进意见建议	熟练掌握教学研究活动及其方法；熟练掌握教育科学研究的基本方法。能组织较大区域学科教研活动，研究解决区域教育教学中的实际问题，并成为区域教研活动的带头人；能带领教师团队开展较高层次的课题研究，并有高质量研究成果，有代表性的研究论文发表或著作出版。对区域教育教学改革实践活动和课题研究活动给予更多关注和指导。与邻近区域的专家型教师保持积极互动，在专业协会中担任领导者角色，并以此保持专业知识的前沿性	熟练掌握课程管理政策和课程基本理论，熟练掌握课程研发的基本过程与方法；熟练掌握任教学科课程标准的研制过程和教材等课程资源的开发过程，能在教育教学中熟练掌握和灵活运用课程标准及课程资源。掌握任教学校的基本情况，尤其是课程与教学基本情况和校本课程开发情况；掌握学校所在社区的自然、社会、文化等情况。掌握所在区域、学校开发地方课程、校本课程的需求及条件，能主持地方课程、校本课程和相关课程资源的研发工作

（四）中小学教师专业发展“五阶五维”能力结构模型

根据上述中小学教师“五阶”生涯发展路径和“五维”专业能力结构所形成的中小学教师专业发展“五阶五维”能力结构模型如图4－2所示。

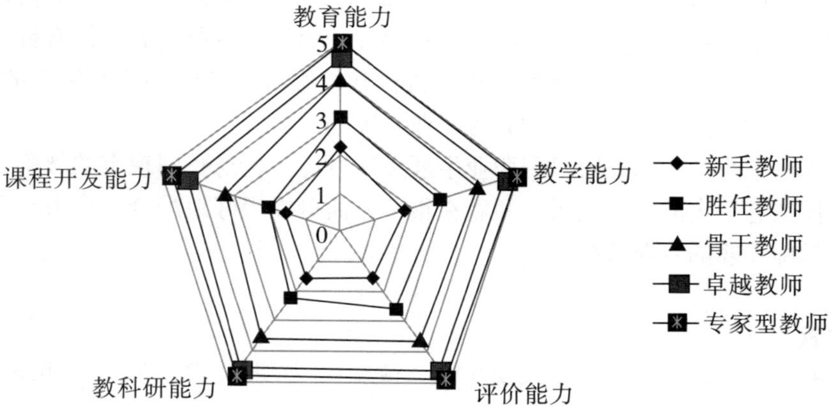

图4－2 中小学教师专业发展“五阶五维”模型示意图

设计这一模型，主要目的是引导中小学教师了解并超越现有的发展阶段，进入更高一级水平，即鼓励新手教师走向胜任教师，胜任教师走向骨干教师，骨干教师走向卓越教师，卓越教师走向专家型教师，引导专家型教师向教育家型教师努力。中小学教师“五阶五维”专业发展模型在以下几个方面具有积极作用。

第一，对于引领广大中小学教师专业能力的全面发展有积极作用。很多中小学教师由于长期从事某个阶段的教育教学活动，总会不知不觉地陷入“教中学就是中学水平，教小学就是小学水平”的困境中。他们容易在长期的教育教学中陷入专业发展的沼泽地带，很难获得持续的专业发展机会。他们会在教育能力和教学能力方面比较得心应手，但是对教科研能力和课程开发能力方面的发展经常是无意识的，由于某几个方面的短板，导致专业发展进程受限。很多教师在进入到胜任教师或者骨干教师阶段之后，就会发现自己的职业生涯的停滞。教师专业能力五个维度的划分使得教师能够比较清晰地发展自己专业发展中的长项和短板，有利于教师个人自主设计自身生涯发展路径，使得广大教师能够个性化地选择自己的专业成长之路。

第二，有利于引导教师从职业生涯发展理论的角度思考自身职业生涯发展规划，鼓励教师根据自己专业发展所处阶段面临的挑战开展有针对性的学习与提高，引导教师向高一阶段的职业阶段发展。借助专业发展“五阶五维”模型，教师一方面会在个人专业能力发展方面发现自身差距，同时也看到通过自身专业发展，不断走向更高的专业生涯阶段的目标，有利于教师个人根据自身实际，做出个性化的专业发展设计，调动教师专业发展的积极性和主动性，鼓励教师在个人专业发展方面勇于突破瓶颈，突破所在阶段的职业高原困境，破茧成蝶，进入到一个更高的发展阶段。

第三，有利于教师管理和培训部门更好地开展工作。不同发展阶段的教师在专业发展方面的需求是不同的，教师培训部门要根据教师发展不同职业阶段，开发满足各种不同水平教师发展需要的各种课程，为教师专业发展提供有针对性的学习内容和方向，这也是现代教师培训机构和继续教育部门必须要做出的应对，唯有如此，才能满足广大中小学教育专业发展的需要。

此外，中小学教师五阶段的职业生涯发展过程，也与我国现有的教师专业技术职务体系有一定的对应关系，两者在很多方面可以很好地配合，合力推动广大中小学教师在职的专业持续发展。

参考文献

[1] 斯黛菲，等. 教师的职业生涯周期［M］. 杨秀玉，赵明玉，译. 北京：人民教育出版社，2012.

[2] 朱新卓. 专业：教师生存状态与教育问题的一个分析视角：兼答教师职业为什么要专业化［J］. 教育理论与实践，2004（3）.

[3] 张洪军. 为自己定制竞争力：青年教师专业化成长规划［M］. 重庆：西南大学出版社，2015.

[4] 苏红. 教师专业发展中的关键事件研究［M］. 北京：北京师范大学出版社，2014.

[5] 郑肇桢. 教师教育［M］. 香港：香港中文大学出版社，1987：8.

[6] 单中惠. 教师专业发展的国际比较［M］. 北京：教育科学出版社，2010：1.

[7] 魏青云，张立新. 教师从“教学能力”向“课程能力”发展的专业要求及其体现［J］. 教育导刊，2006（1）.

[8] 王萍. 小学教师专业发展中必须注重教育科研能力的培养［J］. 辽宁教育研究，2006（7）.

[9] 寇冬泉. 教师职业生涯高原：结构、特点及其与工作效果的关系［D］. 重庆：西南大学，2007.

[10] 王延文. 教师专业化的系统分析与对策研究［D］. 天津：天津大学，2004.

[11] 袁振国. 教师专业化：教师队伍建设的新阶段［J］. 教育科学研究，2003（11）.

[12] 王蔚虹. 国外教师职业生涯周期研究述评［J］. 集美大学学报，2008（4）.

[13] 熊建辉，赵丽. 全球视野中的教师专业发展与能力建设［J］. 开放教育研究，2007（2）.

[14] 张廷凯. 课程决策与教师专业能力发展［J］. 课程·教材·教法，2009（2）.

[15] 教育部关于印发《幼儿园教师专业标准（试行）》《小学教师专业标准（试行）》和《中学教师专业标准（试行）》的通知（教师〔2012〕1号）［Z］.

[16] 杨鸿，周永平，朱德全. 适应与超越：教师专业发展的梯度与理路［J］. 课程·教材·教法，2017（6）.

第五章　广东省中小学教师专业发展实践探索

通过调研和分析广东省中小学教师专业发展的状况、问题及需求，借鉴国内外中小学教师专业发展的做法和经验，吸收中小学教师专业发展的理论研究成果，可以指导和帮助广东省中小学教师专业发展的实践。

一、广东省中小学教师专业发展的对策建议

要提升全省 90 万名普通中小学教师的专业发展水平，广东省应建立健全相关体制机制，通过外引和内动两个方面引导广大教师积极行动起来，在人人争上新台阶的潮流中争先恐后，形成教师人人关注自身成长、不断提高自身能力和素养的好风气，从而提升全省中小学教师专业发展整体水平，以提高全省基础教育的质量和水平。为此，本章提出如下意见建议。

（一）加强整体设计，着力提升全体中小学教师专业水平

对全省中小学教师专业发展进行整体设计显得尤为重要。针对珠江三角洲发达地区，鼓励地市积极开展有针对性的教师专业发展，继续保持教育优势，不断开拓进取，有机会多向发达省份和地市学习，鼓励少数优秀教师走出国门去学习取经。针对粤东西北地区，要加强省级政府和主管部门的扶持和引导力度，尽量做到中小学教师专业发展全员覆盖，不让一个教师掉队。同时，要考虑教师的发展状况和水平，让他们在德育、教学、评价、教科研和课程开发等方面的能力都得到应有的提升。

整体设计系统的教师专业发展规划，建议从以下四个方面考虑：

（1）从管理的角度进行系统设计，整体规划。目前参与培训的教育主管部门有人事、师资等行政部门，也有如教育研究、电化教育等业务部门，各部门的培训缺乏整合。部门各自为政使得教师培训名目繁多、多头无序，比如有的教师每学期参加了 5 次以上的各种培训，使得这部分教师疲于招架，而大多数教师没

有机会参加培训。对于身兼多职、一专多能的农村小学教师和任务繁重的中小学校长来说，工作量大，尽管他们内心渴望参加专业培训，但也深感无奈。因此建议全省统一规划，深入研究教师专业发展的课程设置和实施办法，各部门分别按照自身的优势开设符合整体规划的课程，教师按照自身的发展需求有选择性地参加各种课程的学习。这样既能够发挥各自的长处，开设出好的课程，同时也能让教师根据自身的发展需求选择自己学习的课程。

（2）从培训课程内容安排上进行层次设计、整体规划。目前大多数课程重复且缺乏连续性，由于对教师培训没有整体规划，各部门各行其道，或造成培训主题零散，或造成培训主题重叠，或使得各阶段培训主题缺乏衔接性，因此谈不上“层次推进”，教师培训活动缺乏深度也就成为必然。建议根据不同阶段教师的发展需求设置课程，全省一盘棋，各中心或各地相关部门根据整体规划申报课程，这样既保证教师按自身发展规律选择学习，又能集全省的优势开设出更优质的课程。

（3）发挥地方的积极性和创造性。多方面、多层次的发展需要专门的本土化的教师专业发展研究，提出有针对性的教师专业发展对策和建议，同时组织有激情投入的专家带领有经验的教研员、优秀教师开发层次清晰的系统化课程，为当地中小学教师的专业发展提供智力资源。建议加强以能力为本的教师专业发展课程体系研发，从教师的教育能力、教学能力、评价能力、教科研能力、课程开发能力等方面，研发出适合不同专业发展水平、不同提升需求教师的学习课程，研制出形式多样的学习资源，特别是数字化学习资源，供广大教师选择学习，以适应不同区域不同类型学校教师的不同学习特点，满足不同教师的学习需要。

（4）建立配套的专业发展评价机制，提高教师的自我发展意识和能力。目前的培训和校本教研基本缺乏研训的评价机制，研训课程、内容及专家讲授的质量好坏没有评价标准。为了提升研训质量，引导教师研训走向健康的发展轨道，应尽快建立研训评价和反馈机制，不仅能提升研训的有效性，也有利于教师养成良好的自我评价与反思习惯。

（二）完善教师专业发展进阶制度，促进教师持续发展

由于职称制度设计考虑不周，很多年龄大或是已经评上高级职称的教师觉得能拿到的都拿到了，在专业发展方面没有了动力，工作被动应付，对课改、教改态度消极，得过且过。这其中除了教师个人因素外，对教师管理和评价方面的制度设计也是值得反思的。目前大部分教师评上职称后，发展动力明显减弱，觉得一切到头了，工资到顶了。如果教师个人在专业上不求上进，那么校长也是没有办法的。建议通过制度设计，激发教师专业发展的内在动力，提高教师专业发展的意识，增强责任心。加强教师职业责任感的教育，多从正面引导树立爱岗敬业

服务教育的思想，同时针对教师职业倦怠现象广泛开展研究，多方面引导自我发展的意识。

通过建立和完善教师专业发展进阶制度，进一步激发教师学习的内在动力，使得全体教师能够在自己现有的水平上不断获得提升。可借助现有的中小学教师职称体系，使得每个教师从十三级（初级）到四级（正高级）每2~3年能晋升一个级别，形成教师群体专业化发展的有序发展态势，而晋升的条件就是体现教师的教育能力、教学能力、评价能力、教科研能力、课程开发能力等业绩成果的提升。这样，教师职称提升的过程也就是教师专业发展进阶的过程，不论是新手教师、胜任教师、骨干教师，还是卓越教师、专家型教师，过5~6年，他们的专业发展水平就能在原有基础上提升一个台阶。

（三）下移培训工作重心，提升培训的覆盖面和有效性

目前各高校省级培训中心的培训对象主要是名教师、名校长，很少关注县（市、区）一级普通教师的培训。调研表明，各地学校每年参加省级、国家级培训的教师很少，参加校外学习培训主要在县（市、区）一级，但县（市、区）一级培训效果不尽如人意。主要原因是县（市、区）一级培训资源缺乏，导致培训目标和培训内容设计缺乏前瞻性、针对性，培训方式比较单一，大多以培训授课为主要形式，缺乏有效引导。因此，应使教师培训重心下移，加强县（市、区）一级的培训工作，并且要向粤东西北地区倾斜。此外，应加强校本培训，目前校本培训已成为世界各国普遍推行的教师培训模式，是中小学教师专业发展的重要途径，应加强校本培训、校本教研领军教师的培养，以引领校本培训、校本教研的开展，提高质量和水平。因此，应发挥各高校省级培训中心以及当地高校专家的支持指导作用，同时充分发挥各级教研部门的教育教学研究与指导作用，充分发挥各级电教部门的信息技术支持力度，为县区一级的培训做好规划、课程设计和实施工作，努力提高教师培训工作的覆盖面和有效性，促进全省各地尤其是粤东西北地区中小学教师的专业发展。

（四）改进培训内容和方式，满足教师专业发展需求

应根据教师专业发展的需求，设置合适的培训内容，选择合适的培训方式，提高培训的适切性和有效性。

调研情况表明，中小学教师最需要提高的是教学能力，而教师专业发展到一定阶段，就必须以教科研能力的提升为主要方面，因此提高其教科研能力是第二需求。因此培训内容重点应围绕着如何提高教师的教学能力和教科研能力而展开，培训中应很好地回应中小学教师实际教学和专业发展中面临的大量的现实问题和教育教学中新出现的问题，改变重视理论知识的学习而轻视实践操作层面现

实问题的状况。调查显示，中小学教师的最后学历水平分布方面，以本科学历为主，大学专科次之，研究生学历教师仅占2.56%，因此，接受过系统的研究方面培训的人数比例太低，教师的教科研能力培养和培训需要进一步加强。从职称晋升方面看，中小学教师高级以上职称比例只有五分之一，大部分教师处于初级和中级职称，他们需要提升自己的职称，具有加强从事教育教学研究的需要。在课题研究方面，省市各级要适当提高比例，让有需求的这部分教师带着课题在研究中学习，这不仅能提高他们的教科研能力，同时能解决他们在教育教学中的许多现实问题。

调研情况表明，教学示范课观摩学习是最受教师欢迎的培训方式。在教育教研活动中，开展教学示范课观摩是十分必要的，学科教学专家和各级教研员要带领一批优秀教师，研究开发一些有效的教育教学模式，这对于广大教师来说是十分受用的，他们观看了别人的课堂教学，可能会直接联想到自己的课堂教学，教学观摩需要各级教研机构大力推动。专题教学研讨等也是值得重视的有效培训形式，关键是能让教师身临其境，反思自己的教学实践。

针对中小学教师的网络培训质量亟待提升。目前培训的方式中教师意见最多的是网络培训，许多地方的教师把这个培训当成负担。这其中最主要的问题是培训内容设置的问题；其次是讲授课程的教师问题，主要是课程讲授，缺乏互动。线上与线下相结合的培训是今后的发展方向，但目前多数教师对线上培训存在异议，不利于教师的专业提升。网络培训如果主要是各种讲座，那一线教师的收获就会比较有限。从各地调研的结果看，参与培训的教师主要反映的问题是培训内容与教师需求间存在差距，主要是培训的内容理论与实际间存在距离，教师参与培训时感觉有收获，但在实际应用中却不能将理论与实际相联系，在培训时也缺少相应的可操作性内容进行学习。参与培训的教师反映，效果最好的是直观的、可操作性强的培训，教师感觉收获较大的是实地考察、跟岗培训和名师送教的方式。网络培训如何与这些有效的培训方式相互补充是值得研究的方面。

（五）开展教学交流评选活动，激发广大教师自主发展

调查问卷显示，专家讲座式培训对教师来说是一种收效较低的学习方式，而自主参与式的项目学习活动、研究式学习活动则更为高效，因此应多开展、多鼓励教师参与这类方式的学习活动，如中小学青年教师教学能力比赛、中小学学科优质课交流展评活动、中小学优秀班主任专业能力大赛等。

通过省内调研，在与一线教师的座谈中，我们发现教师们更喜欢看中心城市优秀教师的展示交流，而不是大学专家教授的讲座授课，他们对同行的交流更感兴趣，感到更有收获，这些都值得研究者去深入思考。教师作为教学展示交流活动的参与者，往往是自愿的，是内动力所致，且目标明确，活动导向作用明显，

能激发教师的学习工作热情，使其深入学习与钻研专业，而且获得了与省内同伴的专业交流机会。教师自己在参加比赛交流的同时，也在观摩学习其他同行的做法。由于同是一线教师，他们彼此之间的交流和学习的热情会更高，在交流中发现自身差距，回到工作岗位中学习的积极性会更加强烈。在这一学习研究的过程中，教师不论是理论水平还是实践能力都得到大大提高，活动效果非常明显。加之，我国现阶段城乡差距较大，县城和农村教师与中心城市教师在教育教学水平方面存在着一定的差距，教师因为工作任务繁忙，经常性地局限在学校环境中，这种学校之间、区域之间的专业比赛交流方式，对教师来说是一种很好的专业学习机会。

（六）加大教育科研工作力度，引导教师自主专业提升

问卷调研中发现，教科研能力提升是仅次于教学能力提升的重要方面，教科研能力的提升只有在真实的教研活动和实践中才能达成。调研中，多次有教师提到省级课题立项太少的问题。在甘肃、陕西等省份的调研中发现，他们在省级教育规划课题中，针对中小学教师的课题数量十分充足。以甘肃省为例，该省有中小学教师约 30 万，他们在 2016 年网上公布的中小学教师省级教育规划课题立项有 2 200 多项。而广东省有中小学教师 90 万，是甘肃省的 3 倍，但是 2016 年广东省教育科学规划课题中，中小学教师获得立项的不足 600 项。广大中小学教师觉得申报省级课题通过机会太低，于是逐渐放弃了对教育教学课题研究的兴趣，科研能力提升的热情在一定程度上受到了抑制，这些都不利于教师持续的专业发展。为广大中小学教师提供开展教科研的机会是省级教研部门的重要任务之一，应鼓励教师积极开展教育科研课题研究，这是教师研究解决教育教学中的现行问题和进行深度学习、较快提高专业水平的重要途径。

为了给中小学教师科研发展提供更多的机会，广东省应从以下两个方面着手：第一，扩大省级教育科学规划课题中中小学教师立项比例，提高总数量，为教师专业发展提供外部支持与专业指导。第二，积极开展基础教育优秀教学成果培育与展示交流活动，促进中小学教师教育科研能力的不断提升。基础教育优秀教学成果包括优秀课题研究、优秀论文和具有一定影响力的实践教学探索等。应制定统一的教育教学成果评审标准，探索具有可操作的教学成果的培育措施，推动广东省基础教育各学科开展成果培育与打造计划，通过全省中小学各级各类教育教学研究项目的展示交流，促进中小学教师的科研意识和科研水平。

（七）开展教研系统研修，提升全体教研员的专业发展水平

中小学教师是教育教学一线的工作者，大学教授是教育教学理论的研究者，在这两者之间，有一个十分关键的群体，那就是教研系统的专业人员。他们对国

家的教育方针政策比较熟悉，对教育教学理论也比较清楚，同时又具有丰富的一线教育教学实践经验和指导能力。通过教研系统，省、地市、县（市、区）学科教研人员可以与学校学科教研组全体学科教师紧密联系起来，国家最新的教育教学改革精神更容易得到贯彻执行，最新的教育教学理论更容易走进全省的每一所中小学。教研员系统是一个具有实践智慧和理论基础的教育群体，是一个值得依靠的专业系统，也是中国基础教育的一大特色。

但是近些年来，教研员系统的专业培训有所弱化，他们的专业水平也有待提高。针对这一情况，开展教研系统研修，提升全体教研员的专业发展水平，发挥学科教研员对学科教师的专业引领作用，对促进广大教师的专业发展具有积极推动作用。从问卷调查数据可以看出，教师专业学习培训的机会基本上在县区一级，只有教研员系统才能更经常地深入到学校和县区地市开展教研工作，这是高校系统所无法替代的。

教研员系统专业人员的研修应加强以专业领导能力为主的提升，这主要包括学术研究能力、课程开发能力、专业指导能力、教育测评能力。其中学术研究能力包括政策咨询、教育教学研究、教学改革实验能力等；课程开发能力包括课程开发、教材组织、教师培训能力等；专业指导能力包括教师教育教学指导、校本教研指导能力等；教育测评能力包括检查评估、试卷设计与分析、综合素质评价能力等。

除了重视名校长、名教师和教研员研修外，还应重视中小学教学副校长、教导主任、学科教研组长等的研修，这部分人都是教师开展专业学习提升的关键人群，提高他们的专业发展水平，对推动中小学教师的专业发展整体水平提升无疑具有重要的作用。

二、广东省中小学教师专业发展实践活动

广东省中小学教师专业发展实践活动丰富多样，有比赛类的，如中小学青年教师教学能力大赛、中小学优秀班主任专业能力比赛等；有交流展评类的，如中小学学科优质课交流评选活动、基础教育优质教学成果培育与展示交流活动、基础教育优质研究课题和优质论文交流评选活动、中小学教师培训优质资源交流评选活动等；有培训指导类的，如基础教育教研员能力提升研修活动、名校长和名教师培养计划、乡村教师支持计划、欠发达地区农村中小学教学支援活动等。下面仅列举涉及范围较广、影响较大的由广东省教育研究院组织的广东省中小学青年教师教学能力大赛和广东省基础教育教研员能力提升研修两个实践活动。

（一）广东省中小学青年教师教学能力大赛

广东省中小学青年教师教学能力大赛是吸引教师自主参与、激发教师开展研究式项目学习活动的众多活动之一。举办这一大赛的主要目的是为了提升全省中小学（考虑到现实需要，把中职学校和幼儿园也列入其中）青年教师的专业发展水平，夯实青年教师的教学技能，促进全省中小学教师专业发展水平的整体提升，而不仅仅是部分学科、部分高层次学校教师的水平提升。广大教师通过参加这一活动，能激发学习工作热情，自主学习、深入研究、与同伴交流。在这一学习研究的过程中，不论是教师的理论水平还是实践能力都会得到大大提高。

大赛活动内容既有教学通用技能方面，也有学科（专业）的不同技能方面，有利于广大教师关注课堂教学的方方面面，而不仅仅是上课。普通中小学大赛的内容包括学科专业技能项目和教学通用的教学设计、课件制作、板书、说课、课堂教学等；中职大赛的内容包括课堂教学实录、教学设计、课件制作、微课、说课、教学才艺、专业技能等；幼儿园大赛的内容包括游戏、一日生活、环境创设等综合素质，说课，活动展示与活动点评以及器乐、声乐、舞蹈、美术等才艺展示。

广东省中小学青年教师教学能力大赛活动方案主要内容包括：大赛目的，大赛内容，大赛组织，参赛人员要求，大赛程序，评审、监督与仲裁，评分规则，奖励办法，大赛经费，其他事项共 10 个部分。普通中小学参赛项目为中小学课程设置中的所有学段学科，共 39 个项目；中职学校由于专业太多不容易组织而设置为 10 个组别（项目）；幼儿园根据其特点不再划分学科或组别，仅设置 1 个项目。大赛活动具体方案如下。

广东省中小学青年教师教学能力大赛方案（送审稿）

为了提升我省中小学（含中职、幼儿园）青年教师的专业水平，夯实青年教师的教学技能，促进我省中小学教师专业水平的整体提升，经研究，决定从 2017 年起举办广东省中小学青年教师教学能力大赛活动（以下简称“大赛”），为此，制定方案如下。

一、大赛目的

通过举办全省中小学青年教师教学能力大赛，建构优秀青年教师教学展示交流平台，有效引领青年教师的专业发展，提升我省教师队伍整体素质；发现优秀教师，打造教学骨干，为我省中小学教学质量的整体提升奠定坚实基础；正确引导广大教师钻研课堂教学，更新教育理念，创新教学方法，优化教学过程，形成良好的教研氛围。

二、大赛内容

1. 大赛包括普通中小学各学段各学科、中职教育各学科（专业）和学前教育，共计5个组别50个学科（专业）[见“各学段学科（专业）组别列表”]。各学段学科（专业）大赛举办时加上学段学科（专业）名称，如“广东省第X届青年教师教学能力大赛（小学语文）”。

各学段学科（专业）组别列表

学前（1组）	小学（10组）	初中（14组）	高中（15组）	中职（10组*）
幼儿教育	小学道德与法治	初中道德与法治	高中思想政治	语文德育
	小学语文	初中语文	高中语文	数学英语
	小学数学	初中数学	高中数学	体育艺术
	小学英语	初中英语	高中英语	信息技术
	小学科学	初中物理	高中物理	财经商贸
	小学音乐	初中化学	高中化学	加工制造
	小学美术	初中生物学	高中生物	交运土建
	小学体育与健康	初中历史	高中历史	医药农林
	小学信息技术	初中地理	高中地理	教育旅游
	小学综合实践活动	初中音乐	高中音乐	其他综合
		初中美术	高中美术	
		初中体育与健康	高中体育与健康	
		初中信息技术	高中信息技术	
		初中综合实践活动	高中通用技术	
			高中综合实践活动	

*说明：语文德育包括语文、德育公共基础课程；数学英语包括数学、英语公共基础课程；体育艺术包括体育、公共艺术公共基础课程，以及文化艺术类专业；信息技术包括计算机应用基础课程及信息技术类专业；财经商贸包括财经商贸类专业；加工制造包括加工制造类专业；交运土建包括交通运输类、土木水利类专业；医药农林包括医药卫生类、农林牧渔类、轻纺食品类专业；教育旅游包括教育类、旅游服务类专业；其他综合即除上述9组别外的其他课程、专业。

2. 普通中小学各学科青年教师教学能力大赛的内容包括学科专业技能（各项目评分标准参见附件1）和教学通用技能（通过课堂教学来展示，评分标准参见附件2）。

3. 中职学校青年教师教学能力大赛内容包括：课堂教学实录（1~2节课）、教学设计、课件制作、微课、说课、教学才艺、专业技能等。第一届比赛采取说课、教学绝活展示及现场答辩等方式（各项目评分标准参照附件3）。

4. 学前教育青年教师教学能力大赛的内容为综合素质（含游戏、一日生活、环境创设等）、说课、活动展示与点评，以及才艺展示（内容为器乐、声乐、舞蹈、美术等）（各项目评分标准参照附件4）。

三、大赛组织

1. 大赛每2年举办一届。

2. 大赛主办单位为广东省总工会、广东省教育厅，承办单位为广东省教育研究院、广东省教科文卫工会。

3. 成立大赛组委会，负责领导、协调、仲裁、奖励与处罚等工作。组委会下设各学科（专业）大赛委员会，具体负责各学科（专业）大赛的组织工作。

四、参赛人员要求

1. 本省普通中小学、中职学校、幼儿园中40周岁及以下且具有相应教师资格的在岗专任教师（含民办学校教师）。

2. 普通中小学各学科、幼儿园、中职学校各学科（专业）参赛选手应在选拔的基础上产生，推荐参加省级决赛的选手应是各地级以上市、顺德区比赛一等奖获得者。

3. 各地级以上市及顺德区推荐参加省决赛选手名额为每组别每学科（专业）1人。省属学校每组别各学科（专业）推荐选手1人；省属与驻粤部队幼儿园共同推荐选手1人。

4. 各地报送参加省级决赛选手时，须提交以下材料：（1）各组别各学科（专业）参加决赛选手汇总表、推荐表、身份证、选手参赛承诺书、公示材料、地市比赛有关文件及方案；（2）中职学校提交课堂教学实录光盘（视频像素为720×576、格式为wmv）、教学设计、说课课件、微课；（3）其他相关资料。

5. 大赛组委会对各地推荐报送参加省决赛选手资料进行审核，确认选手参赛资格，并为每位选手确定一个参赛编号。在整个比赛过程中，选手只填写自己的编号，不得泄露自己的真实姓名、地区、学校等信息。

五、大赛程序

（一）普通中小学各学科大赛程序

1. 初赛。由各地市组织实施。

2. 决赛。决赛按学段学科分别举行，分为两个阶段，在3天内完成。

第一阶段比赛主要内容为各学科基本功展示（比赛方案见附件1），总时间1天，成绩前10名进入第二阶段。

第二阶段比赛主要内容为40分钟的课堂教学，总时间2天。10名教师重新抽签决定上课顺序，第一组为1至5号，第一天上课；第二组为6至10号，第二天上课。上课当天上午8：30抽取上课内容，下午1：30开始按顺序上课展示。

决赛成绩中，学科基本功展示占50%，课堂教学占50%。各学段各学科决赛成绩第一名进入总决赛。

3. 总决赛。总决赛分为小学、初中、高中组别分别进行。

总决赛分为两个环节：第一环节为8分钟教育理念演讲与5分钟答辩；第二环节为即兴演讲，现场抽取1个有关教育教学方面的问题，5分钟准备，5分钟演讲。比赛顺序现场抽签决定。

总决赛成绩中，教育理念演讲与答辩占50%，即兴演讲占50%。

（二）中等职业教育大赛程序

1. 初赛。由各地市组织实施。

2. 决赛。包括10分钟说课和6分钟教学绝活展示。说课占决赛成绩的60%，教学绝活展示占决赛成绩的40%。

3. 总决赛。包括6分钟教学绝活展示（内容可与决赛不同）和4分钟现场答辩。教学绝活展示占总决赛成绩的70%，现场答辩占总决赛成绩的30%。

（三）学前教育大赛程序

1. 初赛。由各地市组织实施。

2. 决赛。分两个阶段。

第一阶段比赛内容为说课与才艺展示。

第二阶段为答辩，从游戏、一日生活、环境创设等方面考察。

说课占决赛成绩的40%，才艺展示占30%，答辩占30%。决赛总成绩前10名选手进入总决赛。

3. 总决赛。分为活动展示（上1节公开课或组织1个游戏活动）和活动点评（点评1节课或1个游戏活动）两个环节。

活动展示占总决赛成绩的30%，活动点评占总决赛成绩的20%，决赛总成绩占总决赛成绩的50%。

六、评审、监督与仲裁

1. 决赛各组别各学科（专业）大赛的评委由大赛组委会在省教育厅专家库中随机抽取产生。总决赛评委原则上应在决赛评委中抽取产生。决赛、总决赛评委原则上应具备副高级以上专业职称。

2. 决赛各组别各学科（专业）评委数应为5人或7人。各组别总决赛评委数应为7人或9人。

3. 决赛、总决赛设监督委员会和仲裁委员会，由主办方和相关领域资深专家组成。监督委员会、仲裁委员会成员不得担任决赛、总决赛评委。

七、评分规则

1. 决赛、总决赛各组别各学科（专业）比赛项目评分细则、记分方法由大赛组委会确定，并提前向参赛选手公布。

2. 决赛、总决赛各组别各学科（专业）的所有比赛项目均按百分制评分。选手每个项目中的得分为本组别本学科（专业）所有评委给出的分数去掉一个最高分和一个最低分后的平均分，项目最终得分为平均分与该项目权重的积。

3. 参赛选手未能全程参加比赛，即视为自动放弃。

八、奖励办法

1. 各组别各学科（专业）决赛成绩前8名为一等奖；其余选手为二等奖。各组别总决赛第一名获得者将按程序授予广东省“五一”劳动奖章。教学比赛开展过程中，活动覆盖面大、教师参与度高、工作成绩突出的单位颁发优秀组织奖若干。

2. 大赛的评比结果将在省总工会、省教育厅及省教育研究院网站上公示。

九、大赛经费

1. 参加决赛、总决赛教师的交通费、食宿费回原单位报销。

2. 决赛、总决赛评委会专家及工作人员的交通费、食宿费、劳务费及其他费用由主办单位承担。

十、其他事项

1. 选手报名参加比赛即表示已同意并接受本方案及组委会制定的赛程安排、评分规则等全部规定。

2. 比赛期间，组委会有权对所有选手的比赛过程进行录音录像。比赛结束后，组委会有权使用参赛选手在比赛中完成的教学设计、制作的课件以及比赛过程的录音录像等资料。

3. 组委会在赛后将组织部分获奖选手，通过电视、广播、报纸、杂志、网络等媒体，进行大赛的集中展示、宣传。

4. 对在比赛中存在弄虚作假、徇私舞弊等不当行为的选手或评委，组委会将视情节轻重给予相应处罚。

5. 本方案内容的最终解释权归广东省中小学青年教师教学能力大赛组委会。

附件：

1. 广东省普通中小学青年教师教学能力大赛学科专业技能项目及评分标准（略）

2. 广东省普通中小学青年教师教学技能大赛课堂教学评分标准（略）
3. 广东省中职学校青年教师教学能力大赛项目评分标准（略）
4. 广东省幼儿园青年教师教学能力大赛专业技能项目及评分标准（略）
5. 广东省中小学青年教师教学能力大赛选手参赛承诺书（略）
6. 广东省中小学青年教师教学能力大赛参赛教师、评委守则（略）

（二）广东省基础教育教研员能力提升研修活动

基础教育教研机构是专业的教育教学研究与指导机构，是教育行政部门的决策参谋，在广东省教育事业发展的不同历史阶段发挥着不可替代的作用。特别是新一轮基础教育课程改革以来，教研机构在传播先进教育理念、推进课程与教学改革、提高教育教学质量等方面起到了重要作用。教研员是教育政策执行者、课程设计者、发展服务者、专业指导者和质量促进者，是中小学教师队伍的中坚力量。一个地方教研员队伍的专业发展水平和工作状态，直接影响着这个地方的中小学教师的专业发展水平和基础教育质量水平。举办“广东省基础教育教研员能力提升研修活动”，就是为了提高全省基础教育教研系统教研员专业发展水平和业务工作能力，促进中小学教师的专业发展水平和教育质量水平的提升。

研修班开设三种类型：教研员全员研修班、各地教研室主任或副主任研修班和地市级、县（市、区）级骨干专题研修班。相应的，有三类研修课程：教研员全员研修课程（基础能力提升班）、教研管理专题研修课程和地市级、县（市、区）级骨干专题研修课程。每类研修课程设置若干模块，供参与研修人员按要求选择学习。

广东省基础教育教研员能力提升研修活动方案主要内容包括：研修目的、指导思想、研修目标、参与研修人员、研修内容、研修方式、研修时间、研修经费、研修要求、研修评价、保障措施共 11 个部分。研修活动具体方案如下。

广东省基础教育教研员能力提升研修活动方案（送审稿）

为贯彻落实国家和省教育规划纲要、广东省教育发展“十三五”规划，提高我省基础教育教研系统教研员专业发展水平和业务工作能力，促进基础教育质量和水平的提升，我省从 2017 年起举办“广东省基础教育教研员能力提升研修活动”，有关事项如下。

一、研修目的

基础教育教研机构是专业的教育教学研究与指导机构，是教育行政部门的决策参谋，在我省教育事业发展的不同历史阶段发挥着不可替代的作用，特别是新一轮基础教育课程改革以来，教研机构在传播先进教育理念、推进课程与教学改革、提高教育教学质量等方面起到了重要作用。教研员是教育政策执行者、课程设计者、发展服务者、专业指导者和质量促进者，一个地方教研员队伍的专业发展水平和工作状态，直接影响着这个地方的基础教育质量和水平。开展全省基础教育教研员能力提升研修活动，就是为了不断提升教研员的专业水平和业务能力，提升全省基础教育质量和水平。

二、指导思想

根据《国务院关于加强教师队伍建设的意见》（国发〔2012〕41 号）、《教育部关于大力加强中小学教师培训工作的意见》（教师〔2011〕1 号）、《广东省中长期教育改革与发展规划纲要（2010—2020 年）》和《广东省人民政府关于全面实施“强师工程”建设高素质专业化教师队伍的意见》（粤府〔2012〕99 号）等文件精神，着力师资建设，打造三支高素质专业化队伍，切实提高教研员队伍的专业水平和有效指导能力。利用我国基础教育课程改革的契机，以个人学习、集体研讨、专题讲座和实地考察等多种方式，培训教研员的专业素养，提高工作能力，开阔视野，力图打造一支品德高尚、业务精湛、充满活力的高素质专业化的教研员队伍。

三、研修目标

1. 通过研修活动帮助教研员深刻领会新时期教研员职业道德的内涵及其基本要求，正确认识教研员专业发展的迫切性和现实意义，及时更新教育观念，增强发展的信心和动力，提高教研员职业道德素养。

2. 通过研修活动帮助教研员深入理解课程与教学改革的热点，探究课程与教学的问题，解决课程实施过程中的实际问题，提高教研员的教科研能力水平和课程、教学、评价等方面的能力与指导水平。

3. 通过研修活动帮助教研员深入了解新阶段广大教师教学与学生学习的特点、学习的途径与方法，使教研员能根据教育发展的需要和教研员专业发展的要求，充分利用各种资源进行学习，提高教研员运用现代教育技术进行教育教学改革的能力。

4. 通过研修活动帮助教研员深入了解我国教育和国际教育的状况与特点，开阔教研员的学术视野，提升教研员的学术水平，为提高我省基础教育质量奠定基础。

四、参与研修人员

全员研修和骨干研修相结合。全员研修即全省基础教育在职在岗省、市、县（市、区）、镇（街道）专职教研员（共约 3 000 人）全部参与研修，每年 1 次，每次 3 天，用 3 年时间研修一轮。骨干研修即各地教研室主任或副主任和遴选有发展潜力的地市级、县区级骨干教研员重点学习培养，每批 100 名，每批研修时间 2 年，打造教研骨干力量，采用申报和评审的办法遴选，遴选办法另附。

五、研修内容

不同类型的研修班，研修内容不同，有教研员全员研修课程（基础能力提升班）、教研管理专题研修课程和地市级、县区级骨干专题研修课程三大类。

（一）教研员全员研修课程（基础能力提升班）

主要课程包括教育科学理论类（目的是提升教研员的理论修养和水平）、教研能力类（加强教研员自身能力建设）和实践操作类（提升教研员的行动能力）三类。

1. 教育科学理论类课程设计。

全部课程设计分五个模块，提供给全省参加研修的人员选择。

模块一：教育学理论及应用

内容简介：

（1）教育学导论。理论讲解：目前在中小学常用的教育学理论有哪些？其代表人物及观点如何？目的是让教研员知道常用的理论及理论具体讲的是什么内容，对教育学的常用理论有个全面的了解。此处不涉及理论的深入学习，只是一个引子，具体深入的学习留待教研员自己去学习。

此处计划提供相关书籍1本。计划理论学习的时间为1.5小时。

（2）理论应用。结合当前中小学热门学校的案例，运用教育学的理论对案例进行分析。目的是让教研员知道如何将理论运用于实际工作中。

本处案例分析的时间为1小时。案例由理论课教师负责。在分析过程中以双向讨论的形式展开。

（3）教研沙龙。任课教师与参加研修的教研员的互动。目的是让教研员就实际工作的问题如何结合理论与专家进行现场交流。

此处预计时间为1小时。

模块二：教育心理学理论及应用

内容简介：

（1）教育心理学导论。理论讲解：目前在中小学常用的教育心理学理论有哪些？其代表人物及观点如何？目的是让教研员知道常用的理论及理论具体讲的是什么内容，对教育心理学的常用理论有个全面的了解。此处不涉及理论的深入学习，只是一个引子，具体深入的学习留待教研员自己去学习。

此处计划提供相关书籍1本。计划理论学习的时间为1.5小时。

（2）理论应用。结合当前中小学热门学校的案例，运用教育心理学的理论对案例进行分析。目的是让教研员知道如何将理论运用于实际工作中。

本处案例分析的时间为1小时。案例由理论课教师负责。在分析过程中以双向讨论的形式展开。

（3）教研沙龙。任课教师与参加研修的教研员的互动。目的是让教研员就实际工作的问题如何结合理论与专家进行现场交流。

此处预计时间为1小时。

模块三：学习心理学理论及应用

内容简介：

(1) 学习心理学导论。理论讲解：目前与中小学教学相关的常用学习心理学理论有哪些？其代表人物及观点如何？目的是让教研员知道常用的理论及理论具体讲的是什么内容，对学生学习心理理论有个全面的了解。此处不涉及理论的深入学习，只是一个引子，具体深入的学习留待教研员自己去学习。

此处计划提供相关书籍1本。计划理论学习的时间为1.5小时。

(2) 理论应用。结合当前中小学热门学校的案例，运用学习心理学的理论对案例进行分析。目的是让教研员知道如何将理论运用于实际工作中。

本处案例分析的时间为1小时。案例由理论课教师负责。在分析过程中可以双向讨论的形式展开。

(3) 教研沙龙。任课教师与参加研修的教研员的互动。目的是让教研员就实际工作的问题如何结合理论与专家进行现场交流。

此处预计时间为1小时。

模块四：课程理论及应用

内容简介：

(1) 课程导论。理论讲解：目前在中小学常用的课程理论有哪些？其代表人物及观点如何？目的是让教研员知道目前主流的课程理论的要点是什么？此处不涉及理论的深入学习，只是一个引子，具体深入的学习留待教研员自己去学习。

此处计划提供相关书籍1本。计划理论学习的时间为1.5小时。

(2) 理论应用。结合当前中小学学校的校本课程案例，运用课程理论要点对案例进行分析。目的是让教研员知道如何通过课程改革引出实际工作的教研工作要点及如何帮助学校建设校本课程。

本处案例分析的时间为1小时。案例由理论课教师负责。在分析过程中以双向讨论的形式展开。

(3) 教研沙龙。任课教师与参加研修的教研员的互动。目的是让教研员就实际工作的问题如何结合理论与专家进行现场交流。

此处预计时间为1小时。

模块五：教育测量理论及应用

内容简介：

(1) 教育测量导论。理论讲解：目前在中小学常用的教育测量理论中与我们工作有关的几个测量（如信度、效度及在命制试卷过程中应该考虑的教育测量问题)，目前常用的测量工具及其使用。目的是让教研员在工作能根据教育测量的理论去开展常规工作。此处不涉及测量理论的深入学习，主要是如何运用。

此处计划提供相关书籍1本。计划理论学习的时间为1小时。

(2) 理论应用。

①双向细目表的制定及命题分析：结合当前教研员工作，围绕双向细目表展开，让考试试卷的命制过程有科学性；同时学会运用教育测量的理论对考试结果进行分析，形成科学的结果呈现。

②课程教学的评价方法及如何具体评价课堂教学。此处是一个宏观的评价，主要是评价过程中如何科学运用教育测量的内容评价教学过程及结果，具体学科的评价在下午的讨论中进行。

本处案例分析的时间为1.5小时。案例由理论课教师负责。在分析过程中以双向讨论的形式展开。

(3) 教研沙龙。任课教师与参加研修的教研员的互动。目的是让教研员就实际工作的问题如何结合理论与专家进行现场交流。

此处预计时间为1小时。

2. 教研能力类课程设计。

全部课程设计分多个模块，提供给全省参加研修的人员选择。第一年先开一个模块。

模块一：教研员所需要的能力与提升途径和方法

内容简介：

(1) 教研员所需能力分析及结构框图。目的是让教研员清楚了解作为一名合格的教研员应该具备哪些方面的能力。

注：此课程内容由我室研究小组研制，主讲教师以我室研究小组成员为主体，也可邀请外省教研部门对此有深入研究的人员来讲。

本研究小组同时还列出供大家自学的课程书目。

此处预计时间为1.5小时。

(2) 教研员能力提升的途径和方面及案例分析。此处的目的主要是让教研员知道如何提升自身的能力。通过案例分析进行。

此处预计时间为1小时。

(3) 教研沙龙。任课教师与参加研修的教研员的互动。目的是让教研员就实际工作的问题如何结合理论与专家进行现场交流。

此处预计时间为1小时。

3. 实践操作类课程设计。

全部课程设计分多个模块，提供给全省参加研修的人员选择，计划第一年度开设两个模块。

模块一：教研活动的形式、内容及活动的开展

内容简介：

（1）教研活动常见的形式及活动的开展。本部分内容拟分为两部分，但又不能相对独立，应该是联合在一起的。具体前一部分为教研活动的形式有哪些？不是全部的，而是国内各地常见的形式。后一部分是这些形式的活动应该如何开展。

计划学习的时间为 1 小时。

（2）案例分析。结合具体的形式，就活动如何开展进行展示、说明和分析，让教研员有个亲身的感受，知道自己如何开展这样的活动。

本处案例分析的时间为 1 小时。案例由任课教师负责。在分析过程中可以双向讨论的形式展开。

上述两个环节也可合二为一。

（3）教研沙龙。拟邀请省内在活动开设方面做得较好的教研员担任主讲教师，就他自己开展的活动进行介绍。拟邀请 2－3 位。

此处预计时间为 1.5 小时。

模块二：教研团队的组织与沟通交流

内容简介：

（1）教研团队的组织。本部分内容主要是如何构建教研团队、团队应该如何开展活动及开展哪些活动。具体通过案例的形式。

计划学习的时间为 1.5 小时。

（2）人文课程——沟通的技巧与方法。具体内容是专门的一门课，叫沟通的艺术。具体由专门的人士来担任课程主讲。

本处案例分析的时间为 1.5 小时。

（3）教研沙龙。任课教师与参加研修的教研员互动，目的是让教研员就实际工作的问题如何结合理论与专家进行现场交流。

此处预计时间为 1 小时。

模块三：区域教学质量分析

内容简介：

（1）教研质量的因素分析。本部分内容主要是让教研员知道评价教学质量的要素，教学质量通过哪些因素来表达。

计划学习的时间为 1.5 小时。

（2）实际工作中样本的取样及调查问卷的制定。结合实际工作如何制定一份调查问卷。

本处案例分析的时间为 1 小时。

（3）区域质量报告的撰写。如何撰写区域内的教学质量报告。

此处预计时间为 1 小时。

模块四：开展教育科研的方法与实践

模块五：信息技术与课程教学深度融合

模块六：各学段学生学习心理理论

具体培训方式：上午集中培训，下午分学科研讨。

（二）教研管理专题研修课程

1. 教研管理研修说明。定位：各地教研室主任或副主任。本年度预计同时开设两个班，两个班合班后省内培训时间为1周，其中一个班省外培训时间为1周，另一个班明年再省外培训。

2. 教研管理研修课程设置。

模块一：我国教研队伍的发展及现状分析

模块二：不同时期教研的内容与形式

模块三：新时期教研员的职责

模块四：教研员所需要的能力与提升途径和方法

模块五：教育政策与法规

模块六：我国中小学课程改革及发展

模块七：世界范围内课程改革概述

模块八：新时期教研的趋势与展望

模块九：研究报告的撰写

模块十：政策文本的制定

模块十一：信息技术与课程教学深度融合

模块十二：外省教研活动情况的开展，特色与经验（外出考察时的课程）

模块十三：教育数据的分析与处理

模块十四：领导干部人文修养与形象礼仪

模块十五：科技革命产业变革的趋势与应对

模块十六：供给侧改革与中国宏观经济形势分析

模块十七："一带一路"与中国教育改革的走向

（三）地市级、县区级骨干专题研修课程

1. 地市级教研骨干研修说明。

定位：各地级市教研骨干。

本年度地市级预计同时开设两个班，两个班合班后省内培训时间为1周，其中一个班省外培训时间为1周，另一个班明年再省外培训。

本年度县区级预计同时开设四个班，四个班合班后省内培训时间为1周，其中两个班省内跟岗时间为1周，另两个班明年再安排。

2. 教研管理研修课程设置。

模块一：省内外教研活动情况的开展，特色与经验

模块二：教育数据的分析与处理

模块三：教学成果的形成、打造与推广

模块四：国内外信息技术在中小学教学中应用的现状，结合区域的实施研究

模块五：不同时期教师专业发展需求及教研活动的形式与内容、评价与改进研讨

模块六：课堂教学实施与评价（含教育学、心理学在教学中的应用）

模块七：教育测量在工作中的应用（主要是测量的要求，学会科学地命制试卷并能分析结果）

模块八：学生心理与学习理论与基础教研工作中的应用（要求针对不同的学生群体分析如何开展教研主题）

本部分课程与基础能力班有可能重合，如果有，则考虑开班时同时开班，但分开讲课，由同一教师担任主讲。如模块六、七、八。

六、研修方式

1. 全部研修。按学科（含学前教育）进行，语文、数学、英语分三学段，共计23个班，每年集中研修1次，每次3天（集中授课3个半天）。教研员在教研员全员研修课程（基础能力提升班）、教研管理专题研修课程两类课程中选择各自所需的课程学习，3年完成一轮研修，希望在教育（德育）、教学、评价、教科研、课程研发和教研组织管理等方面有所提高。

2. 重点研修。重点研修按集中和分散两种形式。集中方式为每学期集中1周，两年共4周，4周中有1周到高校（华东师大、北京师大、华中师大、东北师大、陕西师大、华南师大等）集中研修，3周在本省集中研修，研修课程在地市级、县区级骨干专题研修课程中选择学习；分散方式主要是学员带着任务（集中研修的作业）自主研习。参加重点研修的教研员用两年时间完成一轮全部内容的研修。

3. 采用理论学习与实践操作相结合的方式。教研员素质的提升不是单靠几个规定的课时培训就可以完全解决的，它还需要一个由理论到操作的实践过程，需要一个从简单到复杂、从模仿逐渐走向自主的建构过程。因此，我们一方面要进一步转变观念，结合学习资料帮助教研员厘清学习重点与难点，加强学习指导，督促教研员做好读书笔记，完成相关作业任务，认真进行研究学习。另一方面，要加强实践操作，用案例学习与观摩考察相结合的方式，力求将专家面授、观点报告、课题研究、分组研讨、教研观摩等有机融合，切实提高研修活动的针对性和实效性。强调教研员在实践中反思，在反思中研究，逐步感悟和消化新的理论，形成新的教育观念和教研行为。

要进一步提高教研员的信息技术应用能力，充分利用信息技术手段进行学习、研讨与工作。

4. 开展课题实操研究。在重点研修期间，每个教研员结合自己的工作领域做一个课题研究，省教研院为参加研修的教研员设立专项课题，使得每一位参与

研修的教研员能获得真正做课题研究和得到指导的真实机会。

七、研修时间

全部研修每年集中研修1次，每次3天，按学科分23个班进行，具体时间另行通知。重点研修每学期集中1周，两年共4周，4周中有1周到高校集中研修，3周在本省集中研修，具体时间另行通知。

八、研修经费

教研员学习期间的交通费、住宿费等差旅费回原单位报销，其他费用由主办方承担。

九、研修要求

1. 制订好切合教研员实际的研修活动课程计划，加强对教研员的研修活动的管理，认真抓好研修活动的各个环节，通过研修活动使教研员在职业道德、专业水平和业务能力有较大的提高。

2. 各地级以上市、县（区、市）教育局教研室（教科院、教研中心）要积极支持教研员参加学习，不得以任何理由和借口阻碍教研员参加研修活动。

3. 教研员自觉遵守研修活动的各项规章制度，认真参加研修活动，不得无故缺课，要按时完成研修活动期间的各项作业和实践内容。

4. 教研员要树立终身教育观，及时了解基础教育和本学科的发展趋势，学习和吸收新知识、新理论和新方法。

十、研修评价

每次研修活动结束，都要对活动过程和效果进行评价。专家授课及组织的相关活动效果由学员评价（评价量表参见附件），学员的作业及相关活动成果请专家评价。

十一、保障措施

1. 组织领导。各级领导要高度重视教研员的研修活动工作，要关心他们的学习和生活，帮助他们总结工作中的得与失，要重视发挥教研员的作用，更不能歧视教研员。尊重和爱护教研员是中国教育传统精神得以传承的根本所在。

2. 学习保障。各级领导要安排好教研员离岗后的各项工作，让教研员能安心专注地参加学习；负责研修活动的单位要安排好教研员参研期间的住宿和生活，保证他们的学习顺利进行。

3. 经费保障。教研员学习期间的交通费、住宿费等差旅费回原单位报销，其他费用由主办方承担，各单位不得以任何借口让教研员个人承担。

附件：

1. 广东省骨干教研员研修班申报表（略）
2. 广东省教研员研修评价量表（略）